HERMÉNEUTIQUE MAÇONNIQUE

—

LECTURE PHILOSOPHIQUE DE SYMBOLES ET DE NOTIONS MAÇONNIQUES

Ouverture philosophique

Collection dirigée par Jean-Marc Lachaud et Bruno Péquignot

Une collection d'ouvrages qui se propose d'accueillir des travaux originaux sans exclusive d'écoles ou de thématiques.

Il s'agit de favoriser la confrontation de recherches et des réflexions, qu'elles soient le fait de philosophes « professionnels » ou non. On n'y confondra donc pas la philosophie avec une discipline académique ; elle est réputée être le fait de tous ceux qu'habite la passion de penser, qu'ils soient professeurs de philosophie, spécialistes des sciences humaines, sociales ou naturelles, ou... polisseurs de verres de lunettes astronomiques.

Dernières parutions

Hugues LETHIERRY (dir), *Empédocle : Amour / haine, L'homme aux semelles d'airain*, 2021.

Patrick MBAWA DEKUZU YA BEHAN, *De l'identité a l'altérité, Construction d'un nouveau paradigme du vivre-ensemble, 2021.*

Gervais Désiré YAMB, *En quête d'une éthique de l'environnement, Entre technologie, valeur et Droit*, 2021

André SELEANU, *Le Conflit de l'art contemporain, Art tactile, art sémiotique,* 2021.

Michel SALAMON, *Abécédaire philosophique du ciel étoilé*, 2021.

Guy-François DELAPORTE, *Commentaire de Thomas d'Aquin sur le* Traité de l'âme *d'Aristote*, 2021.

N'dré Sam BEUGRÉ, *L'éthique de l'impossible. Une étude de la justice de Derrida et Levinas*, 2021.

Issoufou Soulé MOUCHILI NJIMOM (dir.), *Savoirs scientifiques et culture philosophique, Repères historiques pour la compréhension de l'existence et la maîtrise du monde*, 2021

Auguste NSONSISSA, *Les médiations épistémologiques. Perspectives sur Edgar Morin*, 2021.

Anaclet BAMBALA MAZINA, *La résistance responsable dans le dépassement de la désobéissance civile. Repartir d'Etienne de la Boétie et de John Locke*, 2021

JEAN-LOUIS BISCHOFF

HERMÉNEUTIQUE MAÇONNIQUE

—

LECTURE PHILOSOPHIQUE DE SYMBOLES ET DE NOTIONS MAÇONNIQUES

L'Harmattan

Du même auteur aux éditions L'Harmattan

Dialectique de la misère et de la grandeur chez Blaise Pascal
(coll. Ouverture Philosophique, 2001)

Tissu, voile et vêtement
(coll. Religions et Spiritualité, sous la dir. de Daniel Faivre, 2007)

Tribus musicales, spiritualité et fait religieux - enquête sur les mouvances rock, punk, skinhead, gothique, hardcore, techno, hip-hop
(coll. Univers Musical, 2007)

Les spécificités de l'humanisme pascalien
(coll. Ouverture philosophique, 2010)

Lisbeth Salander, une icône de l'en bas,
(coll. Ouverture Philosophique, 2011)

Conversion et souverain bien chez Blaise Pascal,
(coll. Ouverture Philosophique, 2012)

Pascal et la pop culture,
(coll. Ouverture Philosophique, 2014)

Corps et pop culture,
(coll. Ouverture Philosophique, 2015)

Penser la notion de rencontre,
(coll. Ouverture Philosophique, 2017)

Fait religieux, éducation et entreprises,
(coll. Questions contemporaines, sous la dir. de, 2018)

Herméneutique de notions pascaliennes,
(coll. Ouverture philosophique, 2020)

5-7, rue de l'École-Polytechnique – 75005 Paris
www.editions-harmattan.fr
ISBN : 978-2-343-24305-4
EAN : 9782343243054

Quelques définitions globales et provisoires[1]

Agapes : ce partage d'une collation froide ou chaude ayant lieu après la tenue est un temps de rencontre et de convivialité.

Constitution : texte fondateur de la franc-maçonnerie rédigé par le pasteur presbytérien Andersson (1721).

(La) Franc-maçonnerie est une société traditionnelle initiatique fondée sur des mythes et qui pratique des rites en utilisant des symboles.

Grade : un grade est conféré à un franc-maçon par des membres de sa loge qui le possèdent eux-mêmes. Le premier des grades est apprenti, le second compagnon, le troisième maître. Au total il y en a 33 (pour le Rite Ecossais ancien et accepté dont il est question dans ce travail ; voir ci-dessous).

(Le) Grand Orient de France est né en 1773 ; c'est l'obédience (regroupement de loges maçonniques) la plus importante en Europe continentale ; en 1877, il a supprimé l'obligation pour ses membres de se référer à l'existence de Dieu et à l'immortalité de l'âme ; il a dès lors été qualifié d'obédience libérale ou adogmatique.

Gants : attributs du franc-maçon au travail **;** la couleur varie selon les grades.

---

[1] Principales expressions utilisées dans le présent ouvrage et prenant une signification spécifique en franc-maçonnerie.

Hauts-grades : ateliers complémentaires ou supérieurs appelés dans certains rites « loges de perfection » « chapitre », « conseil », etc.

Loge : ensemble de francs-maçons qui se réunissent.

Loges bleues : ce sont les ateliers des trois premiers degrés.

Mythe : mensonge, fable, disant des choses vraies sur l'humaine condition (ex. : on ne sait pas si Pénélope a existé en tant que telle ; en revanche on sait qu'elle nous aide à méditer sur la patience…).

Planche : sens principal : travail (méditation, exposé, dissertation, commentaire, témoignage…) présenté en loge.

Premier Surveillant : frère en charge de l'instruction (formation) des compagnons.

Rite Ecossais Ancien et Accepté : rite maçonnique fondé en 1801 à Charleston aux Etats-Unis ; c'est celui dont il est question dans le présent ouvrage.

Rite : geste participant d'un rituel (ensemble de gestes et de textes) destiné à reproduire une tonalité affective

Second Surveillant : frère en charge de l'instruction (formation) des apprentis

Tapis de loge : composition graphique contenant tous les symboles du grade auquel a été reçu le frère ; excellent support pour la formation.

Tablier : attribut du franc-maçon au travail en loge.

Temple : lieu où ont lieu les tenues rituelles.

Tenue : réunion rituelle d'une loge.

INTRODUCTION

Pour une approche herméneutique du cheminement maçonnique

Faire surgir la dimension philosophique d'une trajectoire maçonnique[2] ; c'est l'objectif de ma présente enquête ; dans cette perspective, j'entends procéder à une herméneutique de symboles, de notions ou de valeurs rencontrés lors de mon cheminement. D'où deux questions : quel est *l'éthos* d'une lecture herméneutique ? Quels sont les « éléments » maçonniques sur lesquels s'exerce ladite lecture ? Répondre à ce premier questionnement va constituer l'objet de l'introduction.

L'herméneutique est primordialement l'art d'interpréter les textes sacrés (judaïques puis chrétiens) ; aujourd'hui, les sciences humaines et la philosophie mobilisent cette méthode pour entrer dans l'intelligence de différents objets d'études. D'où la problématique de notre travail ; comment et pourquoi affirmer qu'une approche herméneutique du symbole maçonnique serait particulièrement adaptée à ce siècle naissant ? Pour répondre à la question, nous nous efforcerons d'abord de saisir la différence qu'il existe entre une lecture positiviste et une lecture herméneutique d'un texte ou d'un symbole. Ensuite nous ausculterons les spécificités d'une lecture (ou approche

---

[2] Un cheminement maçonnique est loin de se déplier dans une philosophie abstraite et désincarnée. C'est avec et grâce l'altérité d'autrui que le franc-maçon est selon moi appelé à philosopher. Mais il y a davantage : à mes yeux, la philosophie en franc-maçonnerie consiste à penser sa vie et à vivre sa pensée ; cela signifie qu'elle appelle, suppose et implique un rapport vivant à la fraternité.

herméneutique) avant d'examiner quelques spécificités de l'univers maçonnique ; enfin nous tenterons d'expliquer pourquoi la raison herméneutique est particulièrement adaptée à notre contemporanéité.

Différence entre lecture historique et lecture herméneutique

On peut, de manière quelque peu schématique, distinguer deux approches des textes (ou de n'importe quel « objet » d'étude ; symboles, tableaux, œuvres cinématographiques…).

L'approche historique pure et dure (positiviste) considère le passé comme appartenant résolument à l'histoire. Ce passé ne devient intelligible qu'après médiation savante et critique de l'historien ; les textes sont considérés comme « un tissu mythogène de survivance »[3] que le savant essaie de déchiffrer : il essaie de trouver, reconstituer, comprendre la vie d'une époque, la langue, la philosophie, le vêtement, l'habitat, la musique… Il se transporte dans les représentations d'un siècle, pense selon les représentations d'alors pour atteindre l'objectivité. Pour lui, mettre au jour le secret d'un texte (ou d'un symbole) oblige à passer par l'effacement de soi, sensibilité, préjugés, précompréhensions, susceptibles de fausser la réalité objective de l'objet étudié. En d'autres termes, il fait en sorte que le passé demeure le passé et le présent, dans lequel il vit, le présent. L'historien aborde donc son sujet d'étude avec une règle bien précise : seul comprend celui qui sait se tenir hors du jeu. Il explique, dissèque, en se tenant, du fait de la scientificité de la

---

[3] Martin Buber, *Les Récits hassidiques*, Seuil, 1996, cité par Marc Alain Ouaknin, in *Invitation au Talmud*, Flammarion, Paris 2001, p. 77.

démarche, résolument à distance du texte ou du symbole étudié ; il postule, par là même, que la connaissance objective ne peut être atteinte que sur la base d'une distanciation historique.

La lecture existentielle[4], elle, repose sur l'implication personnelle du lecteur. Dans ce cas, le lecteur va certes expliquer le texte ou le symbole (en régime de lecture existentielle, il ne s'agit en aucune manière de refuser les lumières de l'historien ou du lecteur objectif), mais aussi se l'approprier subjectivement, c'est-à-dire prendre le texte pour lui, le comprendre, fort du pari selon lequel le texte est orienté vers lui, qu'il n'appartient pas à un contexte historique délimité, mais qu'il est orienté vers son histoire vivante et propre ; dès lors, le lecteur se sent existentiellement confronté au texte et, dans un premier temps, il ne cherche pas seulement à remonter ni à retrouver un sens passé ; son comprendre sous-tend une participation active à ce qui est dit : « comprendre, c'est déjà et toujours interpréter ou encore : comprendre renferme toujours une interprétation »[5]. En un tel régime, les textes ne parlent qu'à travers nos propres projets d'intelligibilité, nos *préjugés* (il y en a de féconds). Ainsi la lecture existentielle c'est d'abord l'intrusion de la conscience subjective du lecteur ; « pour que le texte se présente dans sa propre altérité »[6], il importe que le lecteur sache faire retour sur lui-même. Dans cette conjecture, ce qui devient essentiel ce n'est plus seulement la logique du texte et de son contexte, ou les particularités objectives d'un symbole (taille, poids, fonction première), mais la logique du texte (ou des

---

[4] Pour une critique pertinente de la lecture historique voir Hans-Georg Gadamer, *Vérité et méthode*, Seuil, 1996, p. 286 (par exemple).

[5] Paul Ricoeur, *Du texte à l'action,* Seuil, 1986, p. 30.

[6] Hans-Georg Gadamer, *op. cit.*, p. 286.

particularités du symbole) conjugué à l'effet qu'elle produit sur le lecteur ; cela signifie deux choses : a) la lecture existentielle suppose que le texte ait quelque chose à dire qui lui est propre (ses concepts, l'enchaînement de ses concepts, les représentations de l'époque), b) ce « quelque chose » résiste à la pure subjectivité du regard porté. De fait, la lecture existentielle nous renseigne aussi sur la nature de l'acte interprétatif : celui-ci devient et l'explication objective du texte (ou du symbole) et sa compréhension subjective. Le lecteur se trouve alors dans une position intermédiaire entre l'effacement de l'historien postulé par le positivisme et le perspectivisme généralisé de Nietzsche. Cet équilibre herméneutique, Éric Weil le formule avec beaucoup de justesse : « chaque génération doit garder la force de questionner le monde de façon nouvelle ; il ne s'agit pas de rejeter par principe ce qui a été dit dans le passé, comme si en tant que passé, cela était dé-passé. Comprendre Aristote, Hegel c'est redécouvrir les questions qu'ils se sont posées à eux-mêmes et mesurer en quel sens elles sont encore les nôtres »[7].

Spécificités de la lecture herméneutique

Voilà pourquoi Emmanuel Levinas peut écrire pour sa part que « l'unicité de chaque écoute porte le secret du texte » ou que « chaque personne par son unicité assure la révélation d'un aspect unique de la vérité [textuelle] »[8]. En paraphrasant Lévinas, on pourrait dire que l'unicité de chaque regard porte le secret du symbole. Même son de cloche chez Serge Viderman : « le texte devient le lieu

---

[7] Éric Weil, *Essais et conférences*, T. I, Plon, p. 297.

[8] *L'au-delà du verset*, éd. de Minuit, 1982, p. 163.

d'une expérience singulière, d'une recréation dont chaque lecteur peut devenir l'auteur… Il n'y a pas de sens fixé du texte, chaque lecteur a le pouvoir de faire exister des sens »[9]. Qu'est à dire précisément ? Ceci : chaque lecteur possède, dans le pouvoir interprétatif, la possibilité de faire saillir les pierres d'attente du texte (ou du symbole), de lui conférer un sens inattendu, inédit, bref, de lui donner un futur, un *ad-venir*, un avenir, une nouvelle jeunesse.

Ici, une remarque doit être formulée : l'interprétation n'est pas seulement commentaire, le fait de dire autre chose et mieux ; en régime interprétatif il ne s'agit, en effet, pas de comprendre mieux, mais de comprendre autrement ; en d'autres mots, l'interprétation ne vient pas répéter le sens, mais le mettre en mouvement.[10] Ce faisant, comme le dit Catherine Challier, « l'interprétation montre que, contrairement aux prétentions de l'idéologie, le sens se construit patiemment, qu'il ne s'identifie pas à une vérité toute faite qu'il suffirait de s'approprier une fois pour toutes et imposer aux autres »[11]. Le rôle de la lecture interprétative est donc de produire un ensemble de paroles et de significations irréductibles à l'existant prédonné, des significations nouvelles qui peuvent offrir de nouvelles perspectives sur un texte ou un personnage. En cette dernière matière, Marc Alain Ouaknin écrit : « dialoguer avec un texte c'est

---

[9]*Le Céleste et le sublunaire*, PUF, 1977, p. 43.

[10] Nous sommes ici dans une autre logique que celle du faux et du vrai ; une compréhension est toujours de l'ordre du possible ; elle peut être juste, mais jamais vraie. Si la personnalité du lecteur est mise à contribution dans la reviviscence du sens, si son horizon personnel devient déterminant, ce n'est pas à la manière d'un point de vue personnel qu'on impose, mais plutôt comme une possibilité qu'on fait entrer en jeu.

[11] *La Patience*, Autrement, 1992. Cité par Marc Alain Ouaknin, *Invitation au Talmud*, Flammarion, p. 89.

découvrir les questions que l'auteur s'est posées à lui-même ou non… C'est les penser à nouveau, dialoguer avec elles et à travers elles et grâce à elles, avec soi-même et avec ses contemporains… Ces questions ne sont pas nécessairement énoncées de manière manifeste ; souvent, elles n'ont même pas la forme de questions. Plus souvent encore, elles n'ont jamais été formulées […] Ces questions [s'offrent alors comme un jeu] offert à la patience ».[12] Ce qui est vrai des textes, l'est aussi, répétons-le, pour un symbole ou une notion rencontrée en maçonnerie. En effet, penser un symbole ou une notion maçonnique c'est également dialoguer avec soi-même et ses contemporains. Destinés à inviter chaque frère à acquérir un sens moral, les symboles ne visent pas à inculquer une vérité ; pour cette raison, le symbole maçonnique (et en maçonnerie « tout est symbole »), comme le texte philosophique ou théologique, ne peut avoir une signification unique, arrêtée une fois pour toutes ; en herméneutique, en maçonnerie comme ailleurs, le sens, c'est-à-dire la signification et la direction, souché, et dans la subjectivité de chaque un, et dans l'objectivité du symbole (son poids, sa taille, ses fonctions premières…), reste toujours à faire surgir…

Éthos de l'univers maçonnique, objet et méthode de la présente étude

Représentation concrète d'une réalité abstraite (vertu morale par exemple) ou cachée, matière visible qu'il convient de rapporter à une dimension invisible, le symbole (du grec *sumbolon* – mettre ensemble) désigne originellement

[12] *Zeugma, mémoire biblique et déluge contemporain*, Seuil, Paris, 2008, p. 248.

un objet brisé en deux morceaux, soit un objet à restaurer. Il a donc pour finalité de *ré-unir*. En matière symbolique, la franc-maçonnerie puise à de multiples sources ; elle utilise des symboles universels venus d'horizons divers et s'efforce, autant que faire se peut, de les investir de significations nouvelles, bref, s'essaie à une réappropriation. Sortis de leur contexte originel, prenant place dans un nouvel ensemble, ils peuvent acquérir de nouvelles valeurs ; dit autrement, en un tel régime, personne n'a la propriété du sens, car celui-ci est toujours à venir, ce qui signifie que la tradition est toujours inachevée...

Les symboles liés à l'art de construire sont nombreux ; dès les trois premiers grades suivant l'initiation[13], le jeune maçon aura à réfléchir sur l'équerre, le compas, la truelle, le maillet, le ciseau, la règle, le fil à plomb. Comme l'écrit Luc Néfontaine[14], « le maçon utilise ces outils pour transformer la pierre brute en pierre taillée, c'est-à-dire pour travailler sur lui-même dans le dessein d'une amélioration personnelle... Une fois la pierre brute dégrossie, il devra s'atteler à la construction du temple » c'est-à-dire à l'amélioration morale et spirituelle de l'humanité. D'autres bassins symboliques, (la Bible beaucoup, l'alchimie...) participent également de la forêt symbolique visible dans

---

[13] Apprenti, compagnon et maître sont, dans l'ordre, les grades conférés dans les loges bleues (appelées de la sorte du fait de la forte présence de la couleur lors des réunions maçonniques ritualisées appelées tenues). A ces trois grades, se sont ajoutées au fil du temps des hauts-grades. Dans ce présent travail, je propose des travaux effectués au 4/14e degré (première « loge » ou atelier des hauts-grades dont le premier grade est celui de Maître Secret) et au Chapitre (18e grade - Souverain Prince Chevalier Rose+Croix). Ces grades sont conférés dans le cadre du Rite Ecossais Ancien et Accepté (R.E.A.A), un rite maçonnique fondé en 1801 aux Etats-Unis.

[14] *La franc Maçonnerie*, CERF, Paris, 1990, p. 84.

une loge… Une précision s'impose cependant ; notre travail ne visera pas, c'est absolument impossible, à rendre compte de l'intégralité des symboles ; il ne veut pas, ce serait frivole et insensé, non plus assener des vérités. N'engageant que son auteur (ni sa loge, et encore moins l'obédience à laquelle j'appartiens, en l'occurrence le Grand Orient de France), il souhaite juste faire part d'un cheminement situé au carrefour d'une activité profane (la recherche et l'enseignement en philosophie) et d'un cheminement maçonnique commencé il y a longtemps déjà… En outre, la présente étude abordera herméneutiquement, je le répète, des mots clefs de la maçonnerie ; ainsi des termes comme sacré, spirituel, ou parole (pour en ce lieu ne citer qu'eux) feront l'objet d'une attention particulière.

Fort de ces prolégomènes, je suis prêt à formuler la problématique de ma présente étude. Comment et pourquoi appréhender de manière herméneutique l'horizon de sens (symboles, mais aussi notions clefs et valeurs…) proposé par la franc-maçonnerie ? Pour prendre en charge ce questionnement, je vais, à partir de mes propres travaux maçonniques, travailler en cinq temps.

D'abord j'examinerai des symboles appartenant au grade d'apprenti (premier garde conféré après l'initiation). Une précision s'impose dès lors : l'initiation est la cérémonie par laquelle le profane que j'étais a été constitué franc-maçon. Dans ce présent livre je commence donc par une méditation sur le mot initiation. Dans la mesure où, lors de cette cérémonie, j'ai reçu mon tablier d'apprenti, je poursuis ensuite en réfléchissant sur les possibles interprétations symboliques dudit tablier. Cantonné au silence, pendant mon année d'apprentissage c'est en conséquence sur cette notion (silence) et cette expérience que je me propose de cogiter ; enfin, je termine ce premier livre par deux sujets qui m'avaient été proposés par mon Second Surveillant (frère en charge de la formation des apprentis) : le lien entre universel, absolu et franc-maçonnerie d'une part, la symbolique maçonnique du fil à plomb – « outil » figurant un désir d'élévation souché dans un voyage intérieur –, d'autre part.

Ensuite j'entre dans l'intelligence du second grade (compagnon) à partir d'une méditation sur la symbolique de la parole (à ce grade, je suis jugé apte à prendre et à réfléchir sur la parole), de l'épi de blé et d'une réflexion sur la notion de sacré, thèmes de travail suggérés par mon Premier Surveillant (l'officier en charge de la formation des compagnons).

Le troisième moment (consacrée à la symbolique du grade de maître), offrira une réflexion sur ce que la tradition maçonnique appelle les cinq points de la maîtrise, les mauvais compagnons (pulsions noires de notre intériorité) et sur les devoirs du maître.

Ma présente enquête se poursuit par un quatrième moment, prenant en charge l'éthos du Maître Secret (premier stade de ce que les francs-maçons appellent les hauts-grades). Le noir, la distinction obéissance/fidélité et le voile sont les thèmes qui ont retenu mon attention du 4 au 14e degré ; ils ont en conséquence nourri l'expression éditoriale de la quatrième partie. J'explique. Le noir, au Rite Ecossais ancien et accepté, est une couleur importante voire fondamentale du premier atelier de perfection appelé 4/14e (je me justifierai en temps voulu). Autre point d'importance : c'est à ce stade que pour ma part j'ai tenu à distinguer radicalement l'obéissance de la soumission. Voilà pourquoi cette distinction fera l'objet du deuxième chapitre du présent livre. Là encore, une remarque se doit d'être formulée : au cours de la cérémonie d'élévation au 4e degré, j'ai porté un voile, voile dont la symbolique sera abordée dans le dernier moment de ce livre 4.

Pour terminer ce voyage, l'univers du chevalier Rose-Croix/18e grade (deuxième stade des hauts-grades), me servira de *matera prima*. L'actualité du 16e grade inaugurera des travaux que j'ai effectués au « Chapitre » (nom de la loge accueillant des frères continuant après le 14e grade) qu'on appelle aussi le 18e. Ce premier texte sera suivi d'une approche toute personnelle de l'expérience de la lecture puis j'aborderai la symbolique de la couleur rouge avant de disserter sur la notion de « parole perdue » qui ressaisira en réalité et cet ouvrage et ma trajectoire maçonnique.

Les enjeux liés à mon investigation sont clairs ; sensibiliser un public profane à la manière selon laquelle un franc-maçon s'efforce, à partir d'un travail sur les symboles, de fluidifier sa relation à lui-même, aux autres et au monde, et dialoguer philosophiquement avec le lecteur est *in fine* la double tâche que je m'assigne.

LIVRE I

Chapitre 1 : petites considérations sur la notion d'initiation

De nos jours sur un registre profane, et dans le langage usuel le mot fait signe vers toute procédure, action, passage, épreuve, qui transforme peu ou prou le statut social d'une personne ; ainsi le bac, le permis de conduire, le dépucelage ou encore les bizutages étudiants peuvent honorer le sens du terme initiation ainsi interprété. Sur le registre profane, l'initiation renverrait donc à l'idée d'un changement inducteur de croissance, de maîtrise, d'indépendance. Reste alors à s'interroger sur les spécificités de l'initiation maçonnique ; c'est ce que je vais faire dans cette planche ; d'où sa problématique. Quels sont à mes yeux les caractères irréductibles de l'initiation maçonnique ?

Pour répondre à la question, je vais d'abord, à partir de mon expérience propre, ausculter les spécificités de l'initiation maçonnique en montrant comment elle a éclairé mon existence d'une lumière nouvelle ; ensuite, dans les seconds et troisièmes moments, je ferai apparaître que cette cérémonie m'a offert, une dizaine d'années plus tard, une réflexion sur les notions de courage et de cruauté.

Montrer que l'initiation maçonnique est une proposition de sens ne relevant pas de l'imposition, ni même de l'actualisation irrémédiable est la tâche que je m'assigne.

Initiation et vie profane

Le terme français initiation peut se prévaloir de deux sources latines ; il semble provenir et *d'inititium* qui signifie « commencement », « entrée », « introduction », début et d'*intinere* qui renvoie au champ lexical de l'itinéraire et du chemin. Fort de cette étymologie latine, on peut déduire qu'initier quelqu'un en maçonnerie c'est corollairement se mettre à un début de chemin. L'expression assez peu heureuse du point vue de l'esthétique n'en est pas moins rigoureuse : en effet, mettre quelqu'un à un début de chemin ce n'est pas le mettre dans « un » chemin, ni le mettre au début du « seul » chemin, ni même le mettre au début de « notre » chemin. Il s'agit de s'efforcer, caractère adogmatique de l'ordre oblige, de le placer au début de « son » propre chemin. Un chemin qu'il n'a pas à suivre, ou poursuivre, mais qu'il suivra s'il l'invente ; en maçonnerie, le chemin que l'initié prend c'est donc celui qu'il invente lui-même dans le respect naturellement de la tradition, des valeurs de l'ordre et des serments qu'il prête lors de l'initiation. Voilà ma manière de me rapporter à la banalité selon laquelle en maçonnerie, comme ailleurs d'ailleurs, si on est bien initié, il convient avant tout et surtout de s'initier tout seul. En ce sens, l'initiation nous invite à l'innovation souchée dans notre personnalité et non pas à l'imitation de tel ou tel. Quels ont donc été, en ce qui me concerne, les visages de ladite invention ? Elle a pris la forme d'une relecture d'un cheminement spirituel et philosophique entamé il y a trente ans. Mon initiation m'a en réalité permis de comprendre pourquoi, il y a quelques années maintenant, mon existence avait été reconfigurée par une entrée en philosophie. Dit autrement, la cérémonie et les années qui l'ont suivie, n'ont pas reconfiguré le champ de mes possibles, mais elles m'ont autorisé à comprendre ce qui était à l'origine d'une telle reconfiguration. Merci…

En ce lieu, deux remarques s'imposent : a) j'écarte pour ma part toute conception quasi magique de l'initiation, conception selon laquelle le nouveau maçon recevrait un surcroît de pouvoir ou de conscience grâce auquel il pourrait réaliser immédiatement des choses auxquelles il n'aurait pu arriver seul auparavant. Je vois plus l'initiation comme un processus continué qui a la possibilité de ne jamais se possibiliser, bref d'avorter. b) En ce qui me concerne, elle a joué son rôle. Aujourd'hui, mon travail maçonnique, comme mon travail de chercheur-cherchant en philosophie, se répondent dans une rationalité en boucle parfois déconcertante de « coïncidence ». En outre, elle m'a donné, aussi obliquement qu'intensément, à interroger mon humanité ; reste encore à définir le sens de ce dernier terme ; dans cette perspective, je procède à une relecture d'une spécificité de la cérémonie, spécificité consistant à exhiber son cœur.

Initiation et courage

Cette exhibition noue des liens avec la notion de courage. Dans le mot courage, il y a *cor*, cœur que je définis après Pascal et Rousseau comme les racines existentielles de l'être. Mettre son cœur à nu devant l'autre, comme c'est le cas lors de l'initiation, revient dès lors à lui présenter son humanité. Pour Pascal, et pour la tradition personnaliste qui est la mienne, le cœur est un « instinct qui nous élève et que nous ne pouvons réprimer » un vouloir vivre qui n'a de cesse de se chercher des raisons de vivre. Cela signifie que l'homme, appréhendé à partir d'une telle définition du mot cœur, n'est jamais un objet à contempler ; il a toujours à être, à se produire, bref, en termes maçonniques, il a toujours et encore à tailler sa pierre.

Son humanité réside tout entière dans ce geste consistant toujours et encore à fluidiser sa relation à lui-même, aux autres et au monde. La nudité du cœur signifie dès lors que je m'engage devant l'autre à devenir ce que je suis, bref, à honorer le cœur, cette capacité de transcendance au dedans de moi qui est le sceau de l'humanité en moi et en dehors de moi. Mais il y a davantage : on se rappelle ici qu'humanité et humilité ont la même racine, savoir *humus*, qui signifie terre ou poussière. D'où cette ultime interrogation. Qu'y a-t-il de plus courageux que de dire à l'autre en lui présentant son cœur, c'est-à-dire le marqueur de l'humaine condition, que nous ne sommes pas oublieux de notre irréductibilité poussiéreuse ? En ce lieu, une question se pose toutefois : comment lier la notion de courage à l'initiation entendue au sens de dynamique continuée et toujours inachevée. En définissant les contours du mot courage ! Avec Alain Badiou je pense en effet que « le courage est la tenue disciplinée des conséquences du face-à-face avec la ligne que l'on s'est soi-même prescrite ». Le courage auquel convie l'initiation devient alors une invitation à l'initiation continuée, au travail sur soi, avec les autres et dans le monde, travail qui se dépliera sous le mode solitaire, collectif, mais qui restera toujours enraciné et dynamisé dans et par la singularité de chaque un. Point important : la puissance de l'engagement que l'on prend le soir de la cérémonie a pour pendant une cruauté symbolique. Je m'explique.

L'initiation : une épreuve troublante et cruelle

La cérémonie d'initiation est une forme d'épreuve ; c'est en tout cas comme cela que je l'ai vécue ; or épreuve vient du latin *experiri* qui a donné naissance au français péril ou à l'italien *pericoloso* ; là, le terme même nous donne donc à penser la notion de danger. Et danger symbolique ce soir-là, il y a bien. D'où la dimension cruelle que je vais maintenant justifier.

Pour comprendre ce qui est cruel, je vais faire saillir ce qui ne l'est pas. Ce qui est cruel ce n'est pas le fait de déambuler dans une tenue saugrenue (les yeux bandés, poitrail à l'air, enchaîné, chaussé d'une seule chaussure, pantalon retroussé) devant un parterre d'inconnus ; ce point serait plutôt troublant ou questionnant et drôle car difficilement racontable le lendemain à la machine à café ; idem pour la coupe d'amertume, le brouhaha initial ou encore monter et descendre d'une planche à bascule qu'on ne voit même pas. Alors qu'est-ce qui est cruel ? Il faut savoir en cette matière que le mot cruel vient de *crudelis* qui signifie « qui ensanglante », « qui aime le sang » et qui partant peut infliger les souffrances et la mort ; ce dernier mot est nucléaire et il s'agit de bien en prendre la mesure, de bien comprendre à quoi renvoie l'engagement pris ce soir-là.

Ce qui est cruel tient en réalité dans le point qui suit. Il s'avère, en effet, que toutes les initiations, dans leur incroyable diversité et inventivité, ont toutes la même visée : mettre l'initié en contact avec la mort, le faire mourir selon le vieux principe du « meurs et deviens ». Que ce soient les rites des aborigènes australiens, qui enterrent les néophytes pendant trois jours sous des feuilles pourries, ou les épreuves auxquelles sont soumis les jeunes Indiens, la cruauté est au rendez-vous de l'initiation ; or l'initiation maçonnique n'échappe naturellement pas à cette règle. Ce qui est cruel dans l'initiation à mes yeux c'est donc le principe symbolique qui la commande. Le passage au cabinet de réflexion, qui m'avait rappelé la caverne de Platon ou encore le ventre de la baleine de Jonas et encore la notion hébraïque de *mahala* qui signifie enfer-me-ment, en témoigne. Voilà pourquoi, je dirai qu'à une certaine lumière le rite initiatique maçonnique est symboliquement cruel, très cruel… Reste encore à nuancer le propos.

Il n'y a pourtant pas un rite qui soit aussi cruel que l'absence de rite ; dans cette dernière configuration, la vie n'a alors pas d'autre choix que de nous précipiter dans une initiation sauvage, faite non plus dans l'encadrement de ceux qui nous aiment ou nous guident (chamans, prêtres, initiés, frères…), mais dans la dureté d'une trajectoire. Mais, la dureté d'une trajectoire n'est peut-être pas la pire des catastrophes. C. Singer décrit ainsi : « le pire, c'est bel et bien d'avoir traversé la vie sans naufrages, d'être resté à la surface des choses, d'avoir pataugé dans le marécage des on-dit, de ne jamais avoir été précipité dans une autre dimension[15] » ; le pire c'est donc peut-être de n'avoir jamais fait connaissance avec l'humanité en nous (le cœur, l'intime). Le pire au fond c'est donc peut-être de ne jamais avoir été éveillé, réveillé, révélé à sa propre humanité. La cérémonie d'initiation me l'a pour ma part rappelée, sous des modalités que j'ai tenté de vous faire partager.

Encadré : impressions sur ma propre initiation

Entrer dans l'intelligence de mes impressions d'initiation ; c'est la tâche qui m'est assignée en ce jour. D'où la question commandant ma présente intervention ? Comment et pourquoi la cérémonie d'initiation a-t-elle infusé en moi ? Pour prendre en charge mon interrogation je vais m'efforcer de tenir ensemble deux notions : l'enfer-mement et d'altérité. Montrer que la cérémonie a fait croître et a éclairé de manière inédite l'intelligibilité d'un questionnement intime est l'objectif que je me fixe.

L'enfer-me-ment

Cachot, cabinet de réflexion ; qu'importe le terme. Lors de la rédaction du testament philosophique et moral, c'est bien dans l'enfermement que j'ai dû acter. En ce lieu, ce soir-là, une notion hébraïque m'est immédiatement venue à l'esprit : celle de *mahala.* Au sens propre, le terme signifie tourner en rond. Il renvoie à la ronde inféconde, à l'enfermement auquel est assigné le malade lorsqu'il ne

---

[15] Christiane Singer, *Du bon usage des crise*, Albin Michel, p. 41

peut quitter la chambre ; or au sens spatial et temporel, c'est bien à un enfermement de cette nature que j'étais condamné le temps d'une rédaction. J'ai alors ruminé le terme et j'ai alors compris qu'en disant enfermement je pensais en réalité enfer-me-ment. J'ai dû alors réfléchir sur le sens figuré de ma méditation ; en voici les principaux fruits.

Le *mahala* fait figurativement signe vers le moi confit dans son égologie, vers un moi lové, rivé à ses besoins, bref vers un moi enténébré incapable de se mouvoir dans l'inconnu, l'inattendu et le différent. Dans une telle configuration le moi n'a qu'une patrie : le moisi. Cette infirmité littérale du moi qui affectait mon corps propre était à mes yeux rendue par le pain rassis que je regardais autant qu'il me regardait. Ce symbole me montrait, me disait (en latin *dicere* signifie aussi bien dire que montrer) que l'homme moisi, savoir l'homme englouti dans la mer rouge des passions, est condamné à une existence ratatinée, sans hauteur, sans largeur et sans profondeur. Comment se désengluer de la sphère du moisi ? Comment sortir du cachot de l'égologie. Comment fendre les flots de sa mer rouge intérieure ? En ayant le courage de se laisser guider et libérer par l'autre. D'où le deuxième moment de mon travail consacré à l'altérité.

L'altérité

Le frère Expert (celui qui est venu me sortir de la pièce) a constitué ce soir-là, pour moi, une première figure de l'altérité ; c'est lui en effet qui littéralement que m'a extrait du *mahala*. Je précise. Littéralement le terme altérité vient du latin *alter* qui renvoie à l'idée de transformation, de mouvement, de déplacement et partant de confrontation à l'idée d'inconnu. Être altéré, c'est donc primordialement être déplacé par le non-moi, le non même. Littéralement ce soir-là, le frère Expert a bien été le véhicule de mon être au monde. Mais il y a plus. Eu égard aux préoccupations qui sont les nôtres aujourd'hui, je dirais d'abord que si l'on admet que le cachot est le symbole de l'égologie, on accepte alors de voir figurativement cette fois le frère Expert comme le symbole de l'altérité irréductiblement libératrice. En d'autres mots, le frère Expert a figuré ce soir-là l'altérité qui me désenglue de la logique du tout à l'égo, l'altérité qui facilite la sortie de soi-même, sortie de soi-même qui, selon Paul Ricœur, n'est rien d'autre que la définition *a minima* de la transcendance. Dire que le frère Expert m'a extrait du cachot revient donc à signifier deux choses : littéralement, il a guidé mes premiers pas, mes débuts en maçonnerie. Symboliquement il a figuré l'autre, l'autre, seul apte à fendre les flots de la mer rouge de mes passions, l'autre seul apte à guider ma marche vers ma Jérusalem intérieure. Et de fait, grâce à sa guidance, j'ai eu l'opportunité de découvrir virtuellement des modalités spécifiques de rapport au beau, au bien et au vrai, modalités visant à faciliter ma marche vers ma terre promise. En ce lieu une remarque s'impose : la donation émanant de l'altérité ne va pas sans notre collaboration, confiante, courageuse et humble. En d'autres mots, cheminer grâce à l'autre suppose de la confiance (étymologiquement de la foi en l'autre), du courage et de l'humilité. Ces deux notions nouent d'ailleurs à mes yeux des liens insécables.

Comment mettre en lien le courage et l'humilité ? Cette interrogation pourrait être la problématique d'une future planche.

Voilà un fragment du questionnement ayant infusé en moi pendant et après ma réception au beau grade d'apprenti, grade qu'ontologiquement je ne pourrais, quand bien même le voudrais-je, jamais quitter.

Chapitre 2 : le tablier

Le tablier maçonnique : c'est le titre de ma présente planche. D'où sa problématique ; quelles significations sont-elles possibles et légitimes d'attribuer au tablier maçonnique ? Pour répondre à la question, je vais travailler en trois temps : d'abord, je montrerai comment et pourquoi on peut affirmer que le tablier, cet attribut majeur du franc-maçon, est également une parure nouant des liens d'intimité avec la notion de travail maçonnique ; ensuite, je ferai apparaître que les couleurs des tabliers nous invitent à réfléchir sur les spécificités dudit travail. Enfin, je montrerai que le tablier nous alerte sur les difficultés inhérentes au travail qui est le nôtre. En ce dernier lieu, je serai également amené à scruter la matière du tablier et à distinguer le tablier de l'Apprenti des autres tabliers arborés par les frères. Montrer que pour penser un symbole il faut d'abord le regarder attentivement est la tâche ultime que je me donne.

Attribut et parure

Le mot français tablier vient du latin *tabula* qui signifie à la fois « planche » et « table » ; cette première approche étymologique nous le dit avec clarté : le tablier s'offre comme un attribut majeur, peut-être même comme l'attribut majeur du franc-maçon. Et ce pour une raison essentielle : chaque fois qu'il rencontre ses frères en tenue, le franc-maçon que je suis a la possibilité d'honorer les exigences étymologiques du mot tablier. Comment : soit en faisant ou en écoutant des planches, puis en se rendant aux agapes donc en se mettant à table. Parmi les innombrables symboles présents en loge, pas un, eu égard à mes connaissances maçonniques actuelles, ne rend aussi directement et étymologiquement compte des activités régulières du frère en tenue. Un autre élément milite dans le sens de l'idée selon laquelle le tablier peut être vu comme l'attribut majeur du franc-maçon ; c'est sa forme ; le rectangle que nous portons tous peut et doit nous donner à penser et le temple et le tapis de loge, ces éléments essentiels et indispensables à une tenue. Voilà peut-être pourquoi, dans un langage châtié et forcément désuet, l'expression « ceindre le tablier » est même synonyme de devenir ou d'être franc-maçon....

En ce lieu de mon cheminement, je souhaiterais d'ailleurs vous faire part d'un souvenir portant sur mon initiation : ce soir-là, je me rappelle en effet que c'est un autre frère qui m'a ceint le tablier ; traduction du souvenir : en m'attribuant et en me fermant le tablier, le frère en question a incarné à mes yeux la réalité selon laquelle je devenais franc-maçon, car mes frères me reconnaissaient comme tel. Sur le registre de la relation singulière que j'entretiens au tablier, j'aimerais en outre ajouter ceci : si je trouve l'accessoire en déficit esthétique, j'ai en effet le sentiment que le tablier transforme n'importe quel 40 de tour de taille en 50 ou 52, je pense néanmoins qu'il s'offre toutefois comme une parure; parure, non pas au sens d'ornement, de décoration ou encore, je le répète, de valeur ajoutée esthétique, mais comme une parure au sens étymologique du terme.

Le mot parure vient en effet du latin *parare* qui signifie « être préparé », « être disposé à », « équipé pour ». Prêt à quoi, disposé à quoi, équipé pourquoi ? La réponse est simple : prêt et disposé à travailler, équipé pour le travail. Le sens de ce dernier propos est clair : comme le tablier du forgeron, du jardinier, du boucher, le tablier maçonnique fait clairement signe vers le travail. Reste alors à déterminer les spécificités du travail maçonnique.

Couleur, lumière et quête maçonniques

L'apprenti, que j'ai été et que sous des modalités différentes je continue à être, a été appelé à quitter ses métaux, à travailler sur sa pierre brute, à passer de la pierre brute à la pierre taillée, puis à la pierre cubique. Dans cette perspective, j'ai reçu en même temps que le tablier le ciseau, le maillet et les gants qui ne sont rien d'autre que des outils ou accessoires vestimentaires utiles au travail de dégrossissement. À mes yeux, ce travail qui s'apparente à un travail sur sa relation à soi, aux autres et au monde, autrement dit au fait de penser sa vie et de vivre sa pensée, est comparable à un cheminement dans et vers la lumière ; si je me réfère au rituel, c'est d'ailleurs bien la lumière que je suis venu chercher en frappant à la porte du temple. D'où la manière dont je vais me rapporter à la symbolique du tablier sur laquelle je vais commencer à me pencher en parlant de sa « couleur » principale : le blanc.

Celui-ci fait signe vers de très nombreuses significations ; je n'en retiendrais qu'une : le lien d'intimité que la couleur noue avec le savoir, la connaissance et la lumière ; je l'ai dit à plusieurs reprises en loge, *ich weis* en allemand signifie « je sais » et blanc se dit *weis* ; comme le savoir et la connaissance sont souvent associés aux lumières (on parle des lumières du savoir du siècle des Lumières, cher à notre ordre, et que le mot lumière vient de la racine indoeuropéenne *leuk* qui a donné naissance au mot français leucocytes – les globules blancs), on peut avancer que la couleur est loin d'être anodine, bref, qu'elle fait explicitement signe vers la recherche de la lumière ; le blanc du tablier rappelle donc ici la tâche essentielle du franc-maçon qui est d'œuvrer dans et vers la lumière. Ce point fait écho à une autre couleur du tablier porté, cette fois, par les seuls maîtres : le bleu ; il faut savoir en effet que le mot allemand *blau* qui signifie « bleu » voulait dire en ancien allemand

« brillant » ou « brillance » et qu'on retrouve ce lien avec le champ lexical du lumineux dans le terme *beleuchtung*, construit à partir de *blau*, qui signifie illumination. Personnellement, le blanc comme le bleu du tablier ainsi interprétés, me donnent alors à penser un autre symbole : le soleil du tapis de loge ; cela ne signifie pas que la conquête de l'être maçonnique consiste, à mes yeux, à devenir soleil, mais seulement un rayon de cet astre. Plus modeste, cet objectif n'en demeure pas moins parsemé d'embûches. Là encore, le tablier nous le rappelle. En témoigne sa boucle de fermeture.

Celle-ci représente à mes yeux un serpent ; au toucher et même à la vue, on peut d'ailleurs voir et ressentir des écailles, or l'une des significations du serpent (c'est en tout cas celle que je retiendrais en ce jour et qui ne concerne pas uniquement la symbolique judéo-chrétienne) est le mensonge, la fourberie, les passions. Le sens de ce regard sur la boucle est double ; *primo*, le tablier me rappelle que même dans ma marche vers la lumière, mes ténèbres sont présentes ; ce point est à mes yeux une piqûre de rappel vers le miroir qu'on me tend lors de mon initiation ; *secundo*, en le fermant par-derrière, je signifie que je suis conscient de cette présence, mais que je vais m'efforcer, autant que faire se peut, de laisser mes passions derrière moi, bref, je suis disposé à changer d'être, à changer de peau, et en tenue, et dans le monde profane où je suis.

D'où une autre interprétation possible du tablier. Il peut apparaître comme le désir visualisé d'une seconde peau, d'un autre mode d'être. Je précise en commençant par scruter la matière du tablier. Initialement, les tabliers étaient faits de peau d'agneau. Pour des considérations économiques, ils sont maintenant en succédanés de cuir, en lin, en satin ou en soie. Cela signifie, originellement en tout cas, que le tablier nous donne bien à penser la peau. D'où ma question ; qu'est-ce que la peau ? Elle défend des agressions extérieures. Dit autrement elle protège. Et comme toutes les peaux, le tablier protège donc. De quoi ? C'est là qu'on retrouve les passions. On remarque en effet que le tablier cache le ventre et le bas ventre ; c'est-à-dire les parties corporelles vouées à accomplir les fonctions charnelles de la nature, parties qui sont aussi le siège des passions, entendues au seul sens de contre-dynamiques intérieures sclérosant notre désir d'élévation et de lumière. Sur ce point, je ne m'appesantirai pas sur l'idée bien connue selon laquelle la surface cachée est plus importante chez l'Apprenti que chez les autres frères. Mon objectif sera autre ; on remarque en effet que le rectangle du tablier de l'Apprenti et le seul à montrer un triangle dont la flèche est pointée vers le haut. Elle rappelle ainsi, à mes yeux, le désir d'élévation et de lumière qui ne doit jamais quitter le nouvel initié. L'une des significations explicites véhiculées par le tablier de l'Apprenti est donc : rappelle-toi que tu es certes un être des passions, mais tu es aussi un être porteur d'un désir et d'une capacité d'élévation. Pour les deux autres tabliers, l'évocation de l'ambivalence de *chaque un* est présente, mais de manière moins directe, plus implicite. Je voudrais donc *in fine* simplement émettre l'hypothèse que le passage du triangle vers le haut au triangle vers le bas, inauguré au grade de compagnon, pourrait signifier que le travail de fécondation, de pénétration de la matière par l'esprit, peut commencer au sortir d'une année d'apprentissage. À la lumière de ce dernier point, la parole, à laquelle accède l'Apprenti en devenant compagnon, pourrait alors peut-être apparaître comme les premiers sons de l'esprit, ou tout au moins, comme une tentative de l'esprit visant à ordonner le chaos des impressions.

Voilà… le temps de la conclusion est venu ; Flaubert disait que pour qu'un sujet devienne intéressant il faut juste s'y pencher ; paraphrasant Gustave, je dirais pour ma part que pour goûter aux saveurs d'un symbole il faut juste commencer par le regarder ; voilà l'un des acquis de cinq années passées à porter le tablier. J'en citerais deux autres : *primo*, j'ai trouvé en loge un horizon de sens prodigieux pour assouvir ma passion pour la symbolique et l'étymologie existentielle, ces branches trop méconnues de la philosophie. Philosophie, terme auquel nous renvoie l'article 1er de nos constitutions lues au début de chacune de nos tenues ; *secundo*, j'ai trouvé également la belle, la féconde différence que j'étais venu chercher. Mes très chers frères, je vous en remercie tous. Voilà pourquoi je vous livre une des questions dans laquelle m'a jeté ce travail. « Puisque le travail ne s'arrête jamais » et que « nous sommes disposés à répandre les vérités acquises au-dedans » n'est-ce pas en l'absence de tablier, soit dans la vie profane, que nous devons avec force et vigueur toujours et encore nous ceindre d'un tablier invisible ?

Chapitre 3 : le silence

Lors de ma planche d'initiation, j'avais expliqué que dans le cabinet de réflexion, c'est une notion hébraïque qui, sans initialement le chercher, m'était venue à l'idée : celle de *mahala* (*en-fer-me-mement* en français). Pendant mon année de silence, toujours sans véritablement le chercher c'est une autre catégorie hébraïque qui m'a été donnée à penser : celle de *dmamah* (silence). En quoi le fait de scruter cette catégorie qui s'est imposée à ma réflexion a-t-il fait cheminer l'Apprenti maçon que je suis ? Telle sera la problématique de ma présente planche. Pour y répondre, je commencerais par déterminer notionnellement ladite catégorie en la rapportant aux notions d'écoute et de construction identitaire. Ensuite je préciserais les modalités de cette construction identitaire, en la situant dans sa situation à la notion d'effort, d'épreuve et de combat. Enfin j'expliquerais comment ce vocabulaire plutôt guerrier, viril et masculin m'a invité à réfléchir sur la féminité de mon être. Montrer que la privation de la parole[16], usage global et provisoire que je fais du mot silence, ne relève pas de la mutilation de l'être, mais de son accroissement est la tâche ultime que je me donne.

Le *dmamah*

En hébreu le mot silence se dit donc *dmamah*. Bâtie à partir des mots *ma* (eau) et *dam* (sang), il tendrait à signifier que, par son étymologie, le silence participe de l'eau et du sang. Pour ma part j'ai honoré d'une certaine manière cette étymologie ; en effet j'ai d'abord sué sang et eau pour rester

---

[16] Pendant l'apprentissage, le nouvel initié doit garder le silence.

sans parler ; pendant quelques mois j'ai appris à une autre lumière ce que je savais déjà sur moi : la tempérance n'est peut-être pas ma principale qualité ; la tonicité de mon langage corporel pendant mes premiers mois de silence n'a eu de cesse de me le rappeler. Mais cette année de silence ne m'a pas seulement donné à ressentir ; elle m'a également donné à penser. Pour exemple, quand je faisais les trois pas de l'apprenti, je les interprétais en me disant « tais-toi, écoute, médite ». Il y a davantage encore : j'ai, par le fait même, cette année-là, beaucoup réfléchi sur la notion d'écoute.

« Écoute » en hébreu se dit *shéma* ; ce *shéma*, on le retrouve dans la célèbre prière juive *shéma* Israël ; « écoute Israël ». Dans le mot *shéma* (écoute), il y a le mot *shem* (nom) ; or celui-ci est construit sur la même racine que le mot *sham* (la-bas) (dans les deux cas, on trouve la racine *shm*). Ici l'hébreu nous indique un lien intime entre l'identité (le nom) et le là-bas ; en d'autres termes, la proximité des termes *shem* et *sham* nous donne à comprendre que la construction identitaire est une invitation permanente au nomadisme, au voyage, bref, que notre nom propre (notre identité) est toujours au-devant de nous. Or là, une remarque de bon sens s'impose : pour entendre l'appel de notre nom, un minimum de silence s'impose ; d'où mon appréhension de la catégorie d'écoute.

Celle-ci ne viserait en réalité, à travers le son de l'autre, qu'à mieux m'indiquer mon horizon de sens, mon carnet de route ou encore mon chemin. Je rappelle ici que *métodos* en grec c'est « chemin » et qu'ainsi on peut en déduire que le silence est une étape essentielle, première et sans cesse à renouveler de la méthode maçonnique, notre méthode. Mais là encore il y a davantage : que fait-on lorsqu'on s'efforce de faire silence ? On fait travailler primordialement son oreille ; or en hébreu oreille se dit *ozen* et *ozen* est construit sur la même racine qu'*izoun* qui signifie « équilibre » : faire silence, exercer son oreille revient donc à chercher son équilibre, équilibre que j'appréhenderai ici comme la tâche consistant à devenir ce que l'on est, par l'autre et grâce à l'autre, qui me rappelle sans cesse que le moi se construit forcément à partir du non-moi. On voit ici le lien entre l'hébreu et les découvertes scientifiques contemporaines relatives à l'équilibre. Cette construction du moi par le non-moi est à mes yeux l'ADN de la fraternité puisque le *frater* c'est originellement le *monos*, le moine, celui qui n'est pas seul, mais celui qui se construit grâce à l'autre. Reste encore à préciser comment et pourquoi l'autre, dans ses mots, ses gestes et même ses silences, peut-il me mettre sur le chemin de mon identité ? C'est le point que je vais aborder à présent en montrant qu'il me révèle ce qui est plus intime que mon intimité, ce que je vais appeler mon *aleph*.

L'*aleph*

Là encore je vais convoquer l'hébreu. Il y a en effet une belle expression hébraïque qui me touche particulièrement : c'est faire *mikra* ; faire *mikra* veut dire que lorsque vous lisez un texte, vous êtes plus lu que lecteur. Comme un symbole vous regarde autant que vous le regardez (j'ai pour ma part vécu cela avec le fil à plomb, qui pourtant *a priori* ne m'inspirait guère), un texte peut vous lire autant que vous le lisez. Idem pour un son prononcé, émis par l'altérité d'un frère. En mettant en mots vos maux, en questionnant vos questions, en élaborant le chaos de vos sensations intérieures, il vous met sur la piste du soleil forcément voilé de l'intériorité.

Pourquoi forcément voilé ? L'étymologie hébraïque nous propose encore un chantier : homme en hébreu se dit *adam* ; le mot est composé de la lettre *aleph* (lumière) et du mot *dam* sang. L'étymologie nous révèle ainsi que l'homme est irrémédiablement situé à la confluence du diurne et du nocturne, du blanc et du noir (regardons le pavé mosaïque), de la lumière et des ténèbres ou lac noir de l'*égo-logie* (*dam*), asymétrie radicale du lac d'amour que me donne par exemple à penser la chaîne d'union. Mais il y a plus : ce combat intérieur, l'homme le gagne s'il se résout à entrer en *kisuf* (effort), effort visant à faire en sorte que l'*aleph* apprivoise le *dam*, autre manière de formuler le voyage entre la pierre brute et la pierre toujours et encore à tailler. Comment dès lors rapporter l'astreinte au silence et au *kisuf* ? Tout simplement en répétant que ladite astreinte n'a pas été pour moi de tout repos ; dit autrement j'ai vécu pleinement le combat, soit l'épreuve et l'expérience du silence… Qu'est-ce à dire précisément ? Je convoque ici l'étymologie latine. Le mot expérience vient du latin *expériri*, épreuve ; or dans ce terme, on trouve le radical *périri* qui signifie « danger, péril » ; on remarque aussi que l'équivalent grec du radical latin *périri* renvoie à la notion de traversée.

Le sens de cette enquête est clair : je veux simplement signifier que ma traversée du désert de la parole, du désert de ma parole ne s'est pas faite sans que je sois confronté à la dangerosité aux périls de l'impatience, de la vanité, voire même de la colère. J'ai donc vécu cette traversée comme une véritable épreuve et ai pris la mesure de sa difficulté. Combat, épreuve… le vocabulaire est plutôt guerrier, viril, masculin même. Et pourtant, il m'a donné à penser la féminité de mon être, et le symbole de la féminité en général. Je m'explique en faisant un bouquet des termes autorité, altérité et féminité. Dans cette perspective, je sonde à nouveau les richesses inépuisables de la lettre *aleph*.

Altérité, autorité, féminité.

Dans la construction identitaire, dans le devenir moi, l'autre, le tout autre est premier, fondamental ; j'exemplifie : vous pouvez être un rhéteur hors pair ; il est impossible d'oublier que les mots vous ont été primordialement donnés. C'est donc lui, l'autre, le non-moi qui me jette dans la sphère de mon *humanitas*, soit la vérité plénière de mon être toujours *à-venir* ; et on se rappelle ici que l'*aleph* signifie également en hébreu « potentiel infini de chaque être humain ». Rapatrié en terrain strictement maçonnique, je répéterai alors que l'état de pierre brute renvoie au *dam* alors que l'état de pierre taillée que je suis appelé à être ou à faire être ressemblerait au mot *adam* recomposé.

Ici le mot ressembler est essentiel ; en effet, le mot *dmamah* (silence) porte en lui le mot *damah* qui signifie « ressembler à ». On devine alors une autre acception du mot silence : le silence, entendu au sens de l'accueil d'une altérité susceptible d'infuser en moi, ne serait alors rien d'autre que la condition me permettant de rayonner, soit d'harmoniser ma lumière intérieure avec mon dire et mon faire extérieur, bref, de ressembler toujours un peu mieux à la pierre taillée que possiblement je suis.

Accueillir l'autre dans le silence n'est donc pas une privation d'être, mais la possibilité de faire travailler la dimension féminine de l'être, féminine étant entendue ici au sens de réceptacle, de terre d'accueil de l'altérité. Je précise : la féminité dont je parle c'est la faille, l'ouverture, par laquelle l'autre peut entrer d'abord, infuser en moi ensuite. La féminité de mon être c'est au final la reconnaissance de la frivolité de l'égologie et la conscience que l'autre est la seule autorité (du latin *autoritas,* dérivé lui-même du latin *augere* « faire grandir, faire croître ») susceptible de me faire gagner en être. Ce que les frères qui nous portent lors de l'initiation nous rappellent à leur manière. L'accueil de l'altérité et de son autorité, condition *sine qua non* de ma croissance, suppose donc une *re-conaissance* de la dimension féminine de mon être. L'équilibre, notion que j'ai fait travailler dans une planche précédente sur le fil à plomb s'enrichit ici d'une nouvelle signification ; il devient en ce lieu synonyme, en matière de construction identitaire, de confluence de la féminité et de la masculinité. Mais il y a davantage.

J'ai beaucoup parlé au cours de ce travail d'étymologie hébraïque et de féminité ; je ne pourrais donc pas le terminer sans citer la femme juive la plus féconde à mes yeux : il s'agit de Myriam ou de Marie. Loin de vouloir terminer par une apologie de Marie, je veux dire que si on croit, avec le philosophe Paul Ricœur et avec notre tradition, que le symbole donne à penser, alors le symbole de Marie, au-delà de toutes les croyances et sur le registre de la seule interprétation symbolique, est peut-être la figure la plus achevée de l'accueil de l'autre et du non-moi, c'est-à-dire du non programmable, du non prévisible, du non planifiable. Sa virginité n'est-elle pas au fond le symbole de ceux et celles, qui loin d'avoir les oreilles pleines du sébum des certitudes, acceptent de se laisser creuser l'oreille par l'autre pour accéder ainsi au radicalement imprévisible, au radicalement inattendu ? N'est-ce pas, au final, comme cela qu'il s'agit d'interpréter le mythe de la virginité de Marie ? Est vierge au fond tout être qui, pratiquant un silence actif, consent à se laisser déflorer l'oreille par le son de l'autre, comme si chaque fois c'était la première fois qu'il posait un tel geste. Garder toujours intact sa capacité à accueillir l'autorité de l'altérité, soit ce qui peut être incroyable pour le moi trop souvent confit dans la suffisance, n'est-ce pas cela au fond la virginité que nous donne à penser le silence, qui au final n'a de cesse de cultiver notre humilité, terme bâti sur le mot latin *humus*, qui signifie poussière et qui a donné naissance au mot humanité ?

Chapitre 4 : absolu et universel

Peut-on maintenir l'absolu comme principe universel ? La question a d'abord, il faut le dire sans détour, suscité gêne et surprise : dit autrement, ou plutôt avec un peu plus de précision, pour bien des frères, l'association des mots absolu et universel est troublante ; « j'associe en effet l'absolu à la notion de vérité absolue soit à quelque chose qui s'impose… l'absolu ne se discute pas, ne se conteste pas, il s'impose » ai-je entendu. Or, la démarche maçonnique, qui est une recherche permanente, la construction d'un temple par essence inachevé, entre en contradiction avec cette idée d'absolu.

En outre, la franc-maçonnerie ayant été très largement façonnée par la tradition judéo-chrétienne, et un peu par l'arabo-musulmane (emprunts partiels à l'alchimie et à l'hermétisme), se poser la question de son principe absolu d'universalité, relève certainement du contresens. Notre institution, par essence, n'est pas dans une dimension universaliste à la manière des grandes traditions humaines, qu'elles soient d'orient ou d'occident. À prendre en charge, ces réflexions premières le sont assurément. Pourtant une remarque s'impose : lors du banquet, annuel nous portons une santé à la gloire de la franc-maçonnerie universelle ; on voit donc que l'interrogation porte sa teneur de significations. D'où la problématique de ce travail : comment en maçonnerie est-il possible de rapporter les notions d'universel et d'absolu ? D'abord, après avoir défini les termes clefs de l'énoncé, je montrerai deux choses : a) lier franc-maçonnerie et universel absolu ne va pas de soi ; b) séparer l'universel absolu de la franc-maçonnerie pourrait nous jeter dans les pièges du relativisme culturel, pièges que je pointerai. Dans un second temps, je ferai apparaître comment nous sommes parvenus à lever l'impasse sans ; autrement dit, je montrerai qu'il est peut-être possible de lier la franc-maçonnerie à un universel sans absolu ; enfin je fonderai philosophiquement cet universel de l'accueil.

Définition des termes de l'énoncé

Étymologiquement, le terme absolu vient du latin *absolutus* qui signifie entre autres « parfait » ou « achevé » ; si l'on s'en tient à ce seul sens (présent dans une certaine morale d'origine théologique judéo-chrétienne) la question initiale devient alors : peut-on maintenir la catégorie d'universel comme un principe parfait et achevé ? Sachant que dans ce contexte universel signifie « règle applicable à tous les individus de cette Terre », bref que la notion renvoie aux sphères de la morale et du mode d'être, que ce principe renvoie à un fondement de l'existence de l'ensemble des réalités empiriquement observables et que le verbe maintenir renvoie au maintien, au maintenant, nous devenons alors face à une question qui serait : doit-on continuer à attribuer des règles morales applicables en tous lieux et en tout temps ? À cette question, des organismes comme l'ONU ou encore des textes comme la charte des droits de l'homme répondent oui ; mais la réponse ne va pas de soi : un frère fonde par exemple son argument de la manière qui suit : « au regard des avancées scientifiques, la science est aussi en recherche d'une loi générale qui fusionne toutes les théories, actuellement, cette quête n'est pas achevée et je pronostique qu'elle ne sera pas. Différentes théories corpusculaire, ondulatoire sont valables chacune dans leur contexte et pourtant elles s'appuient sur des concepts (ou des représentations mentales) complètement différents. La mécanique quantique qui s'applique à l'infiniment petit a des modes de raisonnements différents de la mécanique classique ou même la théorie de la relativité ».

Si on n'arrive pas, dans la représentation de l'univers « réel », à dégager des modèles universels, comment peut-on y prétendre dans le domaine de la pensée et des idées ? Le sens du propos de notre frère est qu'il convient de mettre en doute ces évidences trop rarement contestées portant sur l'existence d'un universel/absolu pouvant être mis en mots dans une déclaration ; dit en langage maçonnique, il demande que ces évidences soient passées au tamis du Vitriol. Ce que fait à sa manière un autre frère, puisqu'il écrit avec résolution : « si la maçonnerie avait une visée d'un principe absolu d'universalité, au sens hégémonique du terme, telle que l'ont eue et l'ont encore les grandes traditions d'Orient et d'Occident, elle proposerait un système de pensée "clé en main" sur la base duquel chaque initié serait porteur d'une mission d'évangélisation, dans le but d'initier le plus grand nombre d'êtres humains.

Or c'est tout le contraire. Elle n'est pas une école de pensée, elle est une école de la pensée, ce qui est tout à fait autre chose. Elle ne propose pas un modèle de pensée tout fait, comportant des réponses figées ; elle donne des clés, d'ivoire ou de tout autre matériau, afin que chaque initié, selon sa seule volonté, puisse ouvrir les portes de la Connaissance qu'il lui plaira d'ouvrir, et se forger sa propre opinion et ses propres croyances sur le Monde, dans toutes les acceptions physiques, intellectuelles et morales de ce terme. Affirmer l'universel comme principe absolu de la Franc-Maçonnerie, c'est clairement prétendre que ces valeurs seraient a priori vraies, justes et bonnes. On ne se donne pas pour mission de faire partager des erreurs. Et pourtant, l'essence même de notre philosophie nous semble au contraire reposer sur l'idée de tolérance, d'acceptation de la différence et de relativité de toute notion de vérité humaine. Pour cette raison, et en vertu du principe fondateur du "doute philosophique" qui doit habiter notre démarche, il ne s'agit pas tant d'imposer ses valeurs que de les confronter et de les échanger, précisément pour en éprouver la véracité et pour les enrichir ».

Toutefois travailler sans catégorie d'universel est un piège qui a été pointé et nommé : travailler sans principe universel et absolu pourrait donner lieu à un relativisme culturel frivole et insensé. Je me justifie : a-t-on le droit au nom des droits de l'homme de lutter contre l'excision en Afrique ou contre le fait qu'on coupe la main des voleurs au sabre dans certains états ? Non répond l'intégriste du relativisme culturel ; il est rejoint sur ce point par tous les théoriciens du totalitarisme théocratique qui se retranche derrière le « vos droits de l'homme ne sont pas les nôtres » pour justifier l'injustifiable. Dans cette perspective, Amnesty International devient pour certains états une organisation anti-islamique ; c'est oublier que les temps ont changé et que le relativisme avait pour but de réguler les visées hégémoniques et impérialistes d'une civilisation européenne conquérante et retourner ainsi l'argument devient alors un sophisme spécieux. À l'inverse, l'apôtre de l'universalisme, sur un autre registre, déniera toute dignité religieuse à, par exemple, l'état de transe caractéristique du religieux afro-américain ; la transe ne deviendra alors à ses yeux qu'un état psychologique déviant sans grande dignité ontologique. Entre ces deux erreurs contraires (le relativisme culturel et l'universalisme, cette perversion de la quête d'universel enraciné dans la croyance selon laquelle la quête d'universel serait achevée) il y a peut-être place pour une troisième voie pouvant tenir ensemble culture différente et quête d'universel ; c'est ici que la franc-maçonnerie a peut-être un rôle à jouer.

L'universel sans absolu

Pour tenir ensemble maçonnerie et principe universel, voici la solution proposée par un de nos frères : « Travailler à l'universalité, sans principe absolu, c'est engager un processus de construction permanente à travers un dialogue interculturel. Ce dialogue ne doit pas être un relativisme qui se contenterait de constituer les différences de cultures et d'admettre la possibilité de leur seule cohabitation au nom d'un droit à la différence. Il ne s'agit pas de gommer la diversité interculturelle qui fait la richesse de l'humanité, il s'agit de rechercher ce qui doit être en commun, à l'humanité entière. » Il ne s'agit pas non plus de faire rimer tolérance avec indifférence et, au nom de cette universalité, se garder des atteintes à la dignité de l'homme. Et notre frère de préciser : « Pour le franc-maçon, l'universalité ne doit pas reposer sur telle norme socioculturelle, mais elle doit s'affirmer comme un creuset ouvert sur les apports de multiples richesses culturelles permettant la constitution d'un fonds commun humain. »

C'est donc sans posture de supériorité idéologique, intellectuelle ou philosophique, c'est-à-dire sans prétention à l'absolu que l'universel maçonnique tel qu'il a été défini peut infuser dans la société. Comment ? L'article 2 de la constitution répond : « La franc-maçonnerie a pour devoir d'étendre à tous les membres de l'Humanité les liens fraternels qui unissent les francs-maçons sur toute la surface du globe. Elle recommande à ses adeptes la propagande par l'exemple, la parole et les écrits, sous réserve de l'observation du secret maçonnique. »

À notre sens, tout est dit en quelques mots : la seule chose que nous soyons habilités à « externaliser » et à exporter, ce sont les liens fraternels qui nous unissent. C'est-à-dire plus une manière d'être que des valeurs, plus une attitude que des idées, plus un rapport aux autres que des doctrines politiques, sociales ou mêmes philosophiques. Ce que nous demande l'article 2, c'est finalement ce qu'il y a de plus difficile. Il faut prendre le pari ingrat et précaire que l'exemplarité fraternelle de quelques-uns, francs-maçons ou non, sera contagieuse et inoculera progressivement ses bienfaits à l'ensemble du corps social. C'est l'idée de l'exemplarité fraternelle conçue comme un vaccin « dans un monde où règnent encore la matière, la force et le mensonge », selon les termes de notre si beau discours de Chaîne d'Union.

De fait, la seule universalité possible de la Franc-Maçonnerie, est qu'elle doit être, au-delà des identités culturelles, une organisation perméable à toutes les civilisations qui l'enrichissent et lui permettent de s'émanciper des normes morales ou sociales et des croyances d'une culture d'origine, dans le temps et l'espace. Dit autrement, l'universel maçonnique ne réside pas dans un système qu'il conviendrait d'imposer à tous, mais dans la conscience mise en pari que chacun, quel que soit sa race, sa religion, son absence de religion, est en capacité d'être sensible, d'adopter et de participer à cet horizon de sens appelé fraternité ; reste encore à fonder philosophiquement cet horizon de sens fraternel ; c'est ce que je vais faire dans ce troisième moment.

Les fondements philosophiques de l'universel de l'accueil

Dans l'article 1er de sa constitution la franc-maçonnerie est décrite comme philosophique ; or toute philosophie suppose et implique une anthropologie ; celle-ci doit en rigueur de termes fonder le sens, c'est-à-dire la signification et la direction que peut prendre une institution s'en réclamant ; au regard de ce qui a été dit précédemment, une question se pose alors : comment fonder anthropologiquement l'idéal de fraternité ? Dit autrement, en quoi l'idéal de fraternité constitue-t-il autre chose qu'un vœu pieux ou une incantation cucul la praline, niaise, frivole et assez peu digne ? La question n'est pas mince : il convient là, me semble-t-il, de fonder en rigueur de terme l'idéal de fraternité auquel la franc-maçonnerie prétend sous le mode d'un universel de l'accueil. Je m'efforce de répondre à la question : l'homme est l'être vivant qui, avec le plus de force, interroge les possibles du réel et est capable de mettre des ailes à la matière ; quelle que soit sa culture, il est en capacité, pour le pire et le meilleur, de faire surgir de l'inédit, du pas encore là, du nouveau ; ainsi du seul besoin d'uriner a-t-il créé des salles de bains. Et ce pour une raison majeure ; s'il est capable pour le meilleur (les pyramides d'Égypte, Mozart, Einstein, Pascal, Steiner, Levinas) et pour le pire (génocides, guerres) de se déployer dans le nouveau, c'est qu'il n'est rien sinon un être toujours inachevé, une utopie (*a-topos*, sans lieu) un être toujours *a-venir*. Cette capacité de transcendance (entendue au seul sens de sortie de soi) immanente, la tradition philosophique l'a appelée le cœur ; nous ne travaillerons pas ici sur ce qui entrave la bonne direction du cœur (les mauvais compagnons, pour rester maçonno-centrés). Nous nous contenterons de relever que ce cœur, soit cette capacité de transcendance immanente qu'on appelle aussi vouloir-vivre n'ayant de cesse de se chercher des raisons de vivre, qu'on appelle aussi *conatus* avec Spinoza, élan vital avec Bergson, vie avec Nietzsche, ou *libido* avec Freud, est universelle, dans le sens où chaque civilisation et chaque homme à l'intérieur de chaque civilisation, à sa manière, l'a fait vivre. Faire le pari de la fraternité universelle, c'est au fond parier sur la capacité qu'à chacun de se mettre à l'écoute de son cœur, cette matrice de l'élévation personnelle, et que la franc-maçonnerie est en mesure d'accueillir toutes les formes de déploiement de ce cœur qui, je le répète, tapisse l'intime de l'intériorité de chaque un. Cela veut dire concrètement que l'universel de la franc-maçonnerie consiste à accueillir parmi les hommes à l'écoute de leur cœur, des athées, des déistes, des théistes, des gnostiques, des agnostiques, des taoïstes, des confucianistes, des sunnites, des chiites, des thomistes, des augustiniens, des scientistes de toutes les races et de toute condition, bref des êtres qui, sur toute la planète, s'efforcent, avec leurs faiblesses, de faire vivre à leur manière propre les valeurs de vérité, de liberté, de justice, de respect, de liberté, d'amour et de beauté. Bref des valeurs qui, comme l'écrit F. Lenoir dans *La guérison du monde* constituent le socle des grandes civilisations humaines. On le comprend avec aisance : l'idéal de fraternité universelle vers lequel tend la franc-maçonnerie est, au sens kantien, une idée régulatrice ; ce qui veut dire qu'il est toujours et encore en construction. Pour s'en convaincre, il n'y a qu'à regarder la composition de cette vénérable assemblée. Belle, cette vénérable assemblée n'en demeure pas moins majoritairement constituée par des quinquagénaires blancs appartenant à la classe moyenne supérieure et qui sont plutôt agnostiques ou athées. Un regard porté sur la loge est donc sans appel : nous sommes loin, très loin de réunir l'épar ; qu'à cela ne tienne : on sait que le travail ne s'arrête jamais et que l'espérance est plus grande que tous les gémissements.

Chapitre 5 : le fil à plomb

Commençons par une généralité : dans le bâtiment, le fil à plomb composé d'un bloc de fonte suspendu à un cordon permet de contrôler la verticalité d'un mur et d'en vérifier l'aplomb. Le sens de rappel est clair : dans le champ de la simple littéralité, l'instrument nous jette pour le dire globalement et provisoirement dans la sphère de la vérification, du contrôle et de la veille, de l'équilibre et de la perfectibilité. Sans contredire absolument cette première définition, une autre fonction du fil à plomb mérite immanquablement d'être rappelée. En effet, en art, le fil à plomb permet à l'artiste de voir ce qui échappe à son regard. Sur ce registre, il permet de déterminer la présence de points d'alignements (lors de la recopie de plâtre par exemple) car l'œil humain a tendance à se tromper sur certaines formes. On peut rapporter cette dernière information portant sur la fonctionnalité du fil à plomb à nos actuelles considérations.

D'où la problématique de ma présente planche : comment et pourquoi affirmer qu'une réflexion sur le fil à plomb peut permettre à l'Apprenti d'améliorer le regard qu'il porte sur lui-même, sur son silence, sur ses frères et sur le monde ? Pour prendre en charge l'interrogation, je vais procéder en trois temps : d'abord je vais montrer qu'en réfléchissant sur le symbole, l'Apprenti est invité encore et toujours à orienter son regard au dedans de soi ; ce qui apparaîtra ici est que le symbole vise à rappeler encore et toujours le sens de l'injonction socrato-platonicienne « connais-toi toi-même » ; ensuite j'expliquerai que pour regarder au dedans de soi, l'Apprenti bénéficie d'un allié de poids : son silence. Là en liant le silence et le fil à plomb, je préciserais que le symbole commande à l'Apprenti de voir dans son silence une invitation à l'équilibre. En ce lieu, l'injonction platonico-socratique s'éclairera d'une lumière nouvelle. Enfin, fort de l'analyse selon laquelle au bout du

« connais toi-même », il y a l'autre, je tenterai d'expliquer comment et pourquoi une pensée du fil à plomb peut conduire l'Apprenti à poser un autre regard sur son initiation et sur la loge ; en ce lieu, la catégorie de Second Surveillant et celle de frère seront rapportées à celle de fil à plomb vivant et incarné. Montrer que ce symbole nous invite à mieux nous rapporter, à nous-mêmes, aux autres et au monde est l'objectif ultime que je fixe à cette modeste planche.

Le fil à plomb et regard intérieur

Répétons-le ; la définition la plus sommaire du fil à plomb nous jette dans le champ lexical de l'édification, de la construction, de l'élévation, du contrôle, de la recherche et de la vérification. On comprend alors sans grande peine que ces actions nouent des liens de proximité avec une dimension de l'œuvre assignée à chaque maçon savoir celle consistant à édifier, construire son temple intérieur ; on admet de facto que la littéralité de l'objet fil à plomb fait signe figurativement cette fois l'érection interne du temple. Or disons-le sans détour, cette construction toujours inachevée ne va pas de soi. Construire « un temple à la vertu » ou encore « jeter les vices au cachot » n'est pas chose aisée. La perpendiculaire nous le rappelle clairement. À travers son étymologie *pendere* « pencher vers » et sa boule de plomb, l'instrument/symbole nous prévient en effet, selon moi, que sans effort, sans patience, sans persévérance, nous restons appelés par le bas, attirés par la pesanteur de nos passions intérieures.

Il nous rappelle en ce sens l'éthos du cheminement maçonnique que l'on pourrait formuler de la manière qui suit : s'élever, ou encore construire son temple intérieur suppose d'abord de regarder sans concession nos penchants naturels pour la paresse, le jugement facile et à l'emporte-pièce, la vanité, l'orgueil. Le symbole nous met dès lors d'abord en garde contre la pesanteur, la lourdeur de notre état de pierre brute et nous invite en conséquence à comprendre que le voyage du cœur de pierre brute au cœur de chair (ou de pierre ciselée) commence par un regard sans concession sur la pesanteur ennemie de tout décollage vers la grandeur. Orienter notre regard vers nos vices, cultiver notre humilité pour mieux prendre en charge notre aspiration à la grandeur, c'est-à-dire au fait d'être debout, droit, et en équilibre est donc le premier message d'un symbole qui en réalité me regarde plus que je ne le regarde. En ce lieu de mon enquête, je dirais donc que lorsqu'il me regarde le fil à plomb m'invite à élever ma colonne vertébrale intérieure, pièce fondatrice de l'érection dudit temple.

Mais il me prévient aussi qu'on ne quitte pas la pesanteur de l'être, une fois pour toutes ; à chaque étape du cheminement, les vices avancent masqués, de nouveaux vices apparaissent. Trouver l'équilibre entre la progression vertueuse et l'advenue de nouveaux vices, ou encore la fausse disparition de vices anciens, nous rappeler sans cesse que la seule perfection de l'homme est sa perfectibilité est donc un autre message délivré par le fil à plomb. Dans cette tâche toujours inachevée, l'Apprenti maçon que je suis dispose toutefois d'une aide précieuse : son silence. Je m'explique en expliquant que l'art d'écouter et celui de construire dans l'équilibre noue dans une réciprocité rigoureuse des liens insécables. L'étymologie hébraïque nous le dit clairement. Je le montre dans un moment intitulé « le fil à plomb, le silence de l'Apprenti et l'équilibre ».

Le fil à plomb, le silence de l'Apprenti et l'équilibre

On se rappelle d'abord ici que l'Apprenti est astreint au silence, bref qu'il n'a de cesse, pendant un an, d'exercer son oreille. Or en hébreu oreille se dit *osen* et équilibre *isoun* ; on comprend alors que de par leur racine (*sn*) commune, les deux termes nouent des liens de proximité évidents ; cela signifie que bien avant les découvertes de la science moderne, l'hébreu avait repéré le lien insécable qu'il existe entre l'oreille interne et l'équilibre ; l'Apprenti que je suis rend, en ce sens, hommage à la pertinence et à la puissance mystérieuse de la langue hébraïque ; celle-ci, je le répète avait en effet saisi de manière assez questionnante que l'homme pouvait trouver en lui (en son oreille) la possibilité de se « tenir debout ». En restant dans la sphère symbolique hébraïque, on comprend alors que s'élever, exister en sa verticalité, pourrait pour l'Apprenti maçon revenir à gravir l'échelle dont Jacob fait l'expérience dans un songe célèbre : « il voyait une échelle posée à terre, dont le sommet touchait le ciel » (Genèse 28, 12,13) ciel que certains moments, pas toujours les plus denses, passés en loge m'ont donné l'occasion de contempler littéralement. Les enjeux de cette brève enquête étymologico-symbolique sont clairs ; elle me permet d'éclairer à une lumière nouvelle le « connais-toi toi-même » qui devient dès lors « trouve ta place dans l'ordre du monde » et m'autorise à lier de manière singulière, le fil à plomb, l'Apprenti et son silence.

Sur dernier point, une précision s'impose : en hébreu, silence se dit *dmamah* ; le terme est bâti autour du mot *dam* sang et du mot *ma* eau ; en cette matière, je dois l'avouer sans détour, j'ai sué sang et eau pour passer par, c'est-à-dire dépasser, l'épreuve du silence auquel j'ai été astreint pendant un an ; certains soirs j'ai même mené une terrible guerre intérieure pour faire taire mon impatience, ma colère ; et pourtant cette confession virile m'a permis de faire connaissance avec la féminité de mon être, à savoir sa capacité à écouter, entendre, soit accueillir l'autre. En d'autres mots, une réflexion sur le fil à plomb, rapportée au silence de l'Apprenti que je suis, m'autorise à affirmer aujourd'hui que le « connais-toi toi-même » auquel nous convie le fil à plomb, peut également s'achever dans une réflexion sur l'équilibre entre la dimension masculine et féminine qu'il incombe à chaque Apprenti de découvrir. On l'aura compris : lier le fil à plomb au silence ne nous jette pas dans le hors sujet ; ce rapport nous donne au contraire à comprendre de manière singulière la notion d'équilibre porté par l'instrument ; mais il y a encore davantage. Ladite réflexion permet également de regarder autrement le Second Surveillant, sorte de fil à plomb incarné. D'où la troisième partie de mon travail.

Le fil à plomb, l'apprenti, le Second Surveillant et la loge

Le présent moment de la planche ne visera naturellement pas à déterminer notionellement la catégorie de Second Surveillant, cela dépasserait largement le cadre de la présente tâche ; mais dans la mesure où, répétons-le, le fil à plomb emblématise cet officiant qui veille sur la colonne du nord où siègent les apprentis, rapporter le fil à plomb à l'Apprenti et au Second Surveillant relève, me semble-t-il, de l'exercice imposé. Toutefois, pour ne pas donner dans le hors sujet, il a me falloir naturellement circonscrire mon champ de recherches. Je m'explique. Vouloir se désengluer de la pesanteur de l'être c'est bien, mais être aidé dans ce difficile projet par un autre que soi-même c'est mieux. Ici, une précision s'impose : exister en sa verticalité se dit en hébreu *anojhi* ou *anorhi* ; ce dernier terme vient de la racine *anar* qui signifie vertical ; l'hébreu nous dit ainsi que l'exister humain et la verticalité sont indissociables. Ce geste est un *kisuf* (effort) consistant en réalité à comprendre le sens du mot *adam* (homme en hébreu). Or celui-ci est composé de la lettre *aleph* (a) (vibration lumineuse) et du mot *dam* (sang, dimension animale de l'être). Pour pouvoir prononcer le mot *anorhi*, il va falloir corollairement faire en sorte que l'*aleph* apprivoise le *dam*, bref que notre dimension lumineuse terrasse notre dimension sanguine, ou nocturne.

Mais il faut le dire sans détour, avoir toujours et encore conscience de sa dimension basse et lourde, de sa dimension balourde est louable, mais l'intention de la conscience n'a pas toujours les moyens comportementaux de ses ambitions ; c'est là qu'intervient le Second Surveillant comme fil à plomb vivant et incarné. Comprenant ou censé comprendre les faux pas et/ou les déviations obliques de l'Apprenti (impatience, vanité, dimension damique en général), « le second » a, entre autres fonctions, celle de remettre le jeune Apprenti maçon sur la voie droite de son élévation. Comment ? En lui expliquant par exemple que son attitude, ou son comportement ne sont pas conformes à son intention primordiale. En pointant ses dérives écrites, orales ou comportementales, le second veille donc ainsi sur les premiers pas en maçonnerie du jeune apprenti. Dans sa guidance, il prolonge ainsi l'action du frère Grand Expert qui, lors de l'initiation avait été les yeux de l'apprenti, et rend également audible le discours forcément silencieux du fil à plomb. Comme le frère Expert, il fait office, pour l'Apprenti que je suis de visage premier de l'altérité. Du latin *alter* (autre, qui bouge, transforme, change), le second contribue en ce sens à aider l'Apprenti à dire *anorhii,* à distribuer l'*aleph* dans son *dam*, bref à être debout dans sa verticalité. Ce point me permet d'écrire ceci. Une réflexion *a minima* sur la symbolique du fil à plomb peut permettre à l'Apprenti de relire son initiation ; et c'est précisément ce que je suis en train de faire en rédigeant cette planche ; mais là encore il y a davantage : si le Second Surveillant est le premier visage de l'altérité, il figure aussi tous les autres frères qui ne sont rien d'autre au fond pour l'Apprenti que je suis que des fils à plomb vivants et incarnés. Fort de cette dernière remarque, passons à la conclusion qui sera en réalité une ouverture.

Ouverture

Lorsque mon Second Surveillant m'a proposé ce travail, je lui ai répondu « c'est pas très sexy » ; et il m'a répondu « tout dépend ce que tu en feras ». Je connaissais naturellement la formule ; j'en ai éprouvé une nouvelle fois la teneur de sens. Qu'est-ce à dire ? Ceci : Flaubert n'avait de cesse de nous mettre en garde « contre la rage de conclure ». En répondant « c'est pas sexy », je n'ai pas suivi le conseil très avisé du génial écrivain. J'avais donc été oublieux d'un point essentiel : la réflexion, soit l'acte de revenir sur ce qu'on sait ou croit savoir, sur ce qu'on voit ou croit voir, nous permet de mettre, dans l'humilité et l'effort qu'elle suppose, des ailes à la matière ; elle nous autorise ainsi à transformer l'eau de la banalité en vin de festivités. Chargeant les choses banales et ternes d'énergie nouvelle, elle nous donne toujours et encore à nous désengluer de la pesanteur de notre être en nous donnant toujours et encore à éprouver la transcendance qui n'est rien d'autre que la sortie de soi, savoir une modification permanente et toujours inachevée des regards qu'on porte sur les choses et sur les êtres.

Au final cette planche m'a permis de découvrir sous une autre lumière ce que je savais déjà, mais que je ne saurais jamais assez : les choses et les êtres frappés du sceau de la banalité n'existent pas en soi et par soi ; ils ou elles n'existent que dans le rapport inépuisable que nous pouvons entretenir avec elles ou eux. Eu égard aux préoccupations qui sont ici les nôtres, je dirai que cette planche m'a donné à réfléchir sur les profondeurs infinies des êtres et des choses qui nous entourent, bref, qu'elle m'a donné à éprouver affectivement l'infini et la profondeur de la tâche consistant à toujours mieux se rapporter à soi-même, aux autres et au monde. Je remercie donc celui grâce à qui j'ai pu vivre cette découverte. Mes remerciements vont également à tous les autres fils à plomb qu'il figure, à savoir tous les autres frères de la loge.

LIVRE II

Chapitre 1 : tu as la parole mon frère

« Tu as la parole mon frère » ; c'est la phrase, qu'à la demande de mon Premier Surveillant, je vais m'efforcer de commenter. Quelle en est sa teneur de sens ? Quels en sont les présupposés et les implications ? Pour prendre en charge cette interrogation, je vais, à partir des deux mots clignotants de ladite phrase, construire la problématique qui suit : comment rapporter la catégorie de parole à celle de fraternité ? Pour répondre à la question, d'abord je scruterais la notion de parole parlée, terme que je définirai en temps voulu ; ensuite je ferai travailler la notion de parole parlante. Enfin, ayant montré que la parole est en alpha et en oméga une relation, je la déterminerai au final comme un trait d'union. Montrer que même la parole *diabole*, à savoir une parole a priori divisante, favorise mon unité propre et celle de la loge est la tâche ultime que je m'assigne.

Transe-ascendance et parole parlée

En loge, la parole ne relève pas primordialement de la prise, mais fait plutôt signe vers une dynamique que je qualifierais globalement et provisoirement de dépendance/ascendance. Dit autrement, en loge, je ne prends pas la parole, mais le frère Premier Surveillant me l'offre après que je l'aie demandée et cela sous l'autorité bienveillante du Vénérable Maître. Loin d'être un ritualisme désuet, le « tu as la parole mon frère » est porteur d'une charge lumineuse de sens. Elle me donne en effet à penser qu'en qualité de frère sur le point de me déployer sous le mode de la parole, j'ai d'abord à comprendre que l'état de frère comme celui d'être doté de la parole réfère primordialement à la notion de trance–ascendance, synthèse des notions de dépendance et d'ascendance. Je précise en procédant à une échographie du mot frère.

Frater, d'où est issu le mot frère, désigne à l'origine et au-delà de son sens littéral, le moine, lequel en dépit de l'étymologie (*monos* ; seul), n'est pas celui qui vit à part, mais qui s'unifie intérieurement lui-même grâce à une vie communautaire ; dit autrement, le frère c'est originellement celui qui grandit grâce aux richesses d'une communauté et celui qui enrichit la communauté grâce à sa singularité ; cette définition peut, pour part, s'appliquer à la définition du frère en maçonnerie. Une chose est sûre, en maçonnerie comme en régime monastique, le dedans fraternel suppose un dehors et un au-dessus.

Je m'explique ; pour être frère, il ne suffit pas d'être frère de lait, de sang, d'armes ou de cheminement ; pour être frère, il faut également être frère en ; dit autrement il faut qu'un aplomb surplombe l'assemblée fraternelle ; que cet aplomb soit un mythe, un récit, une date, un principe de sens, une divinité quelconque ou une entité. En d'autres mots, pour transformer un tas hétérogène d'humanoïdes en un tout résistant et durant, l'*inter* ne suffit pas ; il faut également du *supra*, du *méta*, une dynamique extérieure et supérieure au petit moi de chacun. Pour ma part, cette filiation je la nomme transe-ascendance.

Par ascendance, j'entends autant l'ensemble des anciens qui m'ont précédé pour me permettre de devenir ce que je suis que l'influence dominante que quelqu'un ou quelque chose peut exercer sur ma volonté ; d'où le lien avec la notion de dépendance, que je vis en tant que frère demandant la parole à travers les figures du premier et du vénérable. Pourquoi alors ajouter le préfixe *transe* ? Au risque de me répéter, je dirais que ne suis en aucune manière la mesure de l'ascendance qui me précède ; elle demeure et demeurera toujours supérieure et extérieure à mon petit moi. Mais là aussi le mode d'être des deux frères cités n'est en aucun cas un autoritarisme ; il relève plutôt de l'autorité, au sens étymologique de « ce qui me fait grandir en conscience ». L'autorité en question me rappelle en effet sous un mode prophétique, c'est-à-dire simple, mais essentiel, que je ne suis la parole comme la fraternité est bien frappée du sceau de la transe-ascendance. Celle-ci n'est pas une création ex-nihilo. Elle commande de nous penser d'abord comme des êtres de la réception, des receveurs, des héritiers, des *mekabel* en hébreu, c'est-à-dire des êtres à qui il a été primordialement et qui sont ainsi en mesure d'actualiser la dimension féminine de notre être, à savoir sa capacité à accueillir.

La formule rituellique me fait ainsi grandir en conscience et lire à une lumière nouvelle mon initiation maçonnique en me donnant à comprendre que tout processus d'humanisation commence par un hommage aux origines (ce qui n'oblitère pas les deux premiers voyages initiatiques à l'intérieur du temple). Mais il y a plus : elle me donne à comprendre à une autre lumière le sens de la chaîne d'union qui elle-même me donne à penser l'ascendance/tradition. La valeur de la parole simplement parlée est qu'elle nous fait prendre conscience de notre appartenance à une tradition, à un déjà là primordial. Cette valeur n'exclut pas certaines limites auxquelles personne, ni en loge ni ailleurs, ne peut en permanence échapper. Cette dernière se contente de décongeler des signes préexistants ; la parole parlée est donc un usage commode et utile certes, mais elle est aussi et surtout passive dans le sens où elle se contente de répéter, de réciter de la signification déjà proférée ; la parole parlée c'est le « bonjour ça va » des commerçants. Dans la parole je ne suis en réalité pas présent, mais c'est le grand on impersonnel qui s'exprime à travers moi. Dans la parole parlée, le sujet est seulement répétiteur du sens. Il honore bien d'une certaine manière le cadeau qui lui est fait, mais il ne la ré-invente pas, ne la met pas en mouvement et trahit ainsi la tradition pour se déployer dans le traditionalisme le plus répétitif ; toutefois ces limites de la parole parlée ou je suis principalement réceptacle participent toutefois de mon unité. Elle s'offre en effet comme le complément, voire la condition de possibilité essentielle de ce que j'appelle la parole parlante ; j'explique en faisant travailler la notion de parole parlante.

La parole parlante

La parole parlante créatrice, innovante a, elle aussi, et c'est heureux, sa place en loge. Si l'on admet en suivant l'article 1er de notre constitution que la franc-maçonnerie est une société philosophique et que cette dernière est primordialement un art de l'interprétation, alors quoi de plus normal que de penser que le franc-maçon est en permanence invité à interpréter philosophiquement la forêt de symboles donnée à penser, soit en permanence invité à se déployer sur le registre d'une parole parlante.

Quel est donc son statut ? La parole parlante est éclatement du déjà-là ; elle vient balbutier que tout n'est pas figé, enclos dans la mort de l'instant, sans ascendance ni descendance. Le mot français parole vient probablement du latin *parabola* qui signifie parabole. Étymologiquement, la parole est donc parabole, à savoir une figure de style supposant et impliquant irrémédiablement un déchiffrement du sens. Ce qu'est à mon avis la parole parlante ; celle-ci, suppose donc impérativement la présence du sujet, de son histoire, de ses antennes, et de son génie, entendu au sens de fine pointe toute personnelle de l'intelligence reliante. Dans la parole parlante, le sujet s'engage, met en gage son vécu, ses facultés interprétatives, bref, donne de lui-même et devient alors *machpia,* c'est-à-dire donneur en hébreu. On découvre ici un lien entre le chiffre 5 et la parole : celle-ci puisqu'elle met en jeu nos dynamiques de donneur (lorsqu'elle est parlante) et de receveur (lorsqu'elle est simplement parlée) participe incontestablement de notre unité en nous permettant d'exprimer ce qui radicalement constitue chaque être humain, à savoir les pôles de féminité ou d'accueil de l'altérité et de masculinité, savoir la force consistant à toujours et encore personnaliser cet accueil.

Quel est alors l'*éthos* c'est dire la valeur essentielle de la parole parlante ou encore de la parole frappée du sceau de la masculinité ? Nous permettant d'attribuer, de donner de faire saillir des significations nouvelles, la parole parlante permet de voir de l'invisible dans le visible. En cette matière, un simple changement de ton peut suffire : si je dis à propos du cabinet de réflexion qu'il m'a renvoyé à la notion d'égologie et partant à l'*enfer-me-ment*, je ne dis pas simplement que ladite notion m'a renvoyé à l'enfermement. Dans la parole parlante, le sujet n'a de cesse, en réalité, de faire surgir la dimension érotique des mots. Par érotisme, j'entends présence/absente ; ou encore simultanéité du clandestin et du découvert ; comme la bretelle du soutien-gorge porté l'été sur la peau nue fait signe vers la poitrine de la jeune fille, la parole maçonnique nous invite à veiller sur le toujours « pas encore signifié » des signifiants les plus usuels.

Voilà pourquoi chaque réponse apportée ne sera jamais à la hauteur de la question qui l'a suscité et que la pensée, portée par la parole parlante, ne peut au fond n'être qu'une métamorphose du questionnement infini : en ce lieu de mon enquête, je dirais alors que la parole est tension vers l'invisible, tension destinée, en ouvrant le ventre des mots, à voyager dans le cœur des choses pour en inventer de nouvelles. Ré-invention permanente de la parole parlée, la parole parlante est toutefois dangereuse. Voilà sans doute pourquoi le rituel commande au Compagnon que je suis d'user sans abuser de la parole, mais ici une remarque s'impose. La parole parlante ne saurait être réduite à une parole sur ; elle est avant tout une parole à… une parole adressée, à d'autres frères. D'où l'ultime moment de mon travail.

La parole comme trait-d'union

Produire de la signification nouvelle, c'est bien, c'est nécessaire ; mais donner, transmettre cette innovation, c'est encore mieux. Qu'est-ce à dire précisément ? Que si la parole est donation en alpha, elle l'est également en oméga ; trait d'union entre le passé et le futur, la parole symbolise une relation continuée ; en loge, la parole toujours « adressée à » est donc à mes yeux un trait d'union entre des personnes. Cela signifie que la parole maçonnique entend relier entre eux des personnes que des différences sociales, raciales séparent ; quoi de plus normal pour les membres d'une société dont l'un des objectifs avoués est de réunir l'épars ? D'où la caractéristique essentielle de ce qu'est appelée à être la parole maçonnique : elle doit toujours et encore transformer un tas hétéroclite en un tout uni vers un même horizon. En ce sens, la parole s'offre d'abord comme une conjonction à un autre susceptible de l'accueillir comme message susceptible d'infléchir sa propre trajectoire de vie et de lui conférer partant un accent de vérité. Comment le Compagnon que je suis peut-il acter ce type de réflexion ? Une interprétation a minima des outils dont il dispose s'avère en ce lieu précieuse.

Pour s'adresser à ses frères, il s'efforcera toujours et encore d'avoir le sens de la nuance et de la mesure de la règle, la rectitude, c'est-à-dire l'honnêteté, suggérée par l'équerre, l'inventivité, consistant à mettre des ailes aux mots, suggérée par le levier. Muni de ces symboles, il pourra toujours et encore cheminer un peu mieux dans la joie du travail précis et bien fait du compas et vers l'unité fraternelle que nous suggère la dimension cimentante de la truelle. Bien sûr l'auditeur habile objectera que tout cela n'est qu'archétype : invoquant le tristement célèbre principe de réalité, il dira que toutes les interventions ne correspondent pas à ce qui vient d'être énoncé.

Pour riposter à l'objection, je me contenterais alors de rappeler ceci : en hébreu, le mot *mila* signifie circoncision et mot ; la circoncision c'est avoir dans le corps le signe de l'alliance ; le prépuce n'est au fond rien d'autre qu'une alliance de mariage. La circoncision, comme l'alliance, fait donc signe vers un autre ; une épouse pour l'époux ; le tout Autre, pour le circoncis. Rapatrié en terrain strictement symbolique, je dirais alors que le mot, comme la circoncision, nous rappelle que la conscience de la séparation nous met souvent en chemin vers l'unité ; en ce sens, il n'y a rien d'offensant à comprendre que la parole peut séparer et peut même s'offrir comme un diabole ; je précise. La parole comme diabole sépare et distancie ; vous pouvez par exemple considérer que mon propos est pompeux, intello, arrogant ou tout simplement délesté de sens ; et alors ? dans sa fonction médiatrice et fraternisante, la parole n'a au fond qu'une visée : sortir du tout à l'égo.

Briser l'enfermement égologique c'est toujours et encore faire l'épreuve primordiale de l'irruption dérangeante de l'autre ; on ne peut pas réunir l'épars, articuler l'hétérogène sans avoir préalablement fait l'épreuve infiniment infinie et sans doute insurmontable qui nous sépare de lui ; refuser ou nier l'épreuve difficile de l'altérité, c'est en réalité s'interdire de réunir l'épars tout en s'offrant un CAP de bonne conscience. Comment dès lors être uni vers la même terre promise tout en respectant la distance infinie qui nous sépare de l'autre ? En n'oubliant peut-être pas que la parole, toute parole n'est rien d'autre qu'une intention signifiante qui n'a de cesse de se chercher dans le gémissement et l'espérance.

Conclusion

Je vais terminer comme j'ai commencé ; cela signifie que je vais rapporter le signifiant parole au chiffre 5 ; je dirais alors qu'en loge, la parole a 5 visages. D'abord baiser, elle symbolise la rencontre entre mon mode d'être et le souffle fait son d'une altérité ; comme dans le baiser où l'amant agite l'intériorité de l'être soufflé et fait des vagues sur son lac de rosée intérieure, elle devient de facto accouplement, c'est-à-dire étreinte ou encore dialogue de cœur à cœur, si par cœur j'entends ce qui est plus intime que mon intimité, savoir la dimension diurne de mon être cette capacité de dépassement caractéristique de l'humanitude. Elle est ensuite ensemencement ou encore raison fécondante ; cela signifie qu'irrémédiablement elle me trouble… Elle est encore fécondation à proprement parler, à savoir acquisition de nouvelles données infusant dans l'inattendu et l'imprévisible en moi. Elle est enfin naissance continuée grâce à la maturation toujours inachevée de mes nouvelles interrogations suscitées par le son de l'autre. Fort de ces explications, je dirais alors que le maçon est un fils de la parole…

Chapitre 2 : l'épi de blé

L'épi de blé : c'est le titre de ma planche de ce soir. D'où sa problématique : en quoi la symbolique l'épi de blé me permet-il de découvrir à une lumière nouvelle certaines dimensions de ma trajectoire maçonnique ? Pour répondre à la question, je vais procéder en trois temps : d'abord je montrai comment et pourquoi l'épi de blé me permet de mieux comprendre ma cérémonie d'initiation ; ensuite je ferai, à partir d'une enquête étymologique hébraïque ; apparaître le lien unissant l'épi de blé à la marche du compagnon ; enfin je ferai surgir la dimension universelle et existentielle de la franc-maçonnerie que nous donne à penser la symbolique de l'épi de blé.

Épi de blé, initiation et résurrection

Littéralement le blé est un grain qui mis en en terre germe, donne des pousses qui donneront à leur tour des grains. Voilà pourquoi figurativement ou symboliquement bien des imaginaires symboliques associent l'épi de blé au cycle vie, mort, résurrection. En Égypte, Osiris dieu de la végétation et de la résurrection a pour emblème le blé ; chez les gréco-romains, les prêtres jetaient, dans le souci de les ramener à la vie, les personnes qui s'étaient immolées ; en régime chrétien, l'évangéliste Jean, pour évoquer la résurrection du Christ, a recours à la métaphore du blé ; la franc-maçonnerie, à travers la cérémonie d'initiation qu'elle propose, n'a donc rien de très original. Le cabinet de réflexion représente la fin de la vie profane, l'enterrement de la vie profane et l'entrée du temple l'accès à une vie nouvelle ; en outre, l'initiation maçonnique, comme toutes les initiations du monde, a pour présupposé explicite ou implicite « meurs et deviens ». De ce point de vue non plus, l'initiation maçonnique n'est pas très originale. Où se trouve donc sa grande spécificité ? La réponse est simple : dans la manière, à mon avis dont le mot résurrection, consubstantiel à la symbolique du grain de blé, est clandestinement présent.

On se souvient tous en effet le soir où le Vénérable Maître nous a dit, à l'issue de la cérémonie d'initiation d'Apprenti : « c'est la dernière fois que tu poses un genou à terre » sous-entendu, « tu es désormais apte à te tenir debout, à te tenir sur tes pieds ». Ce point-là est décisif : il signifie en effet que par ces mots, le Vénérable Maître nous dit en fait « je te ressuscite ». En effet le mot ressuscité vient de deux mots latins très proches ; le premier est *resucitare* qui veut dire « relever, réveiller », le second est *resugere* qui veut dire « être mis debout, être mis sur ses pieds ». On remarque alors qu'être mis sur ses pieds, soit étymologiquement ressusciter vient de la racine hébreu *ank* qui a donné naissance au mot *anoki* « je suis ».

Qu'en déduire ? Qu'en me rappelant que c'est la dernière fois que je pose un genou à terre, le Vénérable Maître m'invite à être, soit à être debout, pour être en capacité de marcher en équilibre vers la lumière, lumière qu'on me montre ce soir-là, mais que je suis encore loin de posséder. On le comprend avec aisance : l'épi de blé nous rappelle avec force que l'homme constitué maçon au cours de sa cérémonie d'initiation a pour vocation essentielle une marche vers la lumière, destinée encore et toujours à mieux se rapporter à lui-même, aux autres et au monde, bref, à mieux à se connaître lui-même. Cette marche constitue la loi à laquelle il a lui-même adhéré en choisissant d'être constitué maçon. Cela est d'autant vrai puisque *halaka* en hébreu signifie autant « marche » que « loi ». Reste alors à scruter les caractères essentiels de cette marche.

Schibboleth et la marche du compagnon

Cela revient à en réalité à articuler la position verticale humaine, soit étymologiquement le fait d'être ressuscité avec les risques que cela comporte ; dans cette optique ré-interroger l'étymologie du grain de blé va s'avérer précieux. Grain de blé se dit *schibboleth* en hébreu ; or les quatre premières lettres donnant naissance à travers une anagramme au mot hébreu *isch* qui signifie homme. L'homme maçon, celui qui, comme le grain de blé, est appelé à porter ses fruits après avoir été mis en terre, soit à accomplir ses potentialités d'être homme, s'expose à de nombreux risques. À chaque moment, il peut perdre l'équilibre, faire des pas de côté qui peuvent s'avérer fatals. La marche du Compagnon nous le rappelle d'ailleurs fortement. En cela, elle possède une vérité existentielle avérée.

La marche humaine comporte en effet par sa projection de tout le corps dans l'espace, un prodigieux risque de chute, absent de la locomotion animale ; ce qui caractérise l'humain par rapport à l'animal, c'est d'être, pour le meilleur et pour le pire, capable de tomber certes, mais aussi d'être en capacité de risques, soit plus symboliquement cette fois de bondir en dehors du prévisible et du programmable. Le sens de ce rappel est que rester en équilibre vers la lumière n'est pas chose aisée. En effet, se tenir debout requiert un équilibre qui se dit *izoun* en hébreu ; *izoun* est de même racine que *ozen* qui en hébreu signifie quant à lui « oreille » : on a alors, non pas des commandements, mais des suggestions destinées à nous permettre de rester en équilibre.

On pourrait les formuler de la manière qui suit : « sois dans une écoute telle qu'elle te donne la force de te tenir en équilibre et dans une attitude verticale telle que tu puisses assumer et prononcer en toute sa force le "je" que tu désires être ». En d'autres mots, pour devenir ce que tu es, pour élaborer l'intelligence de ta singularité, l'écoute des *schibboleths* plus mûrs que sont les autres maçons est une condition impérative de ton équilibre. C'est à cette condition qu'il pourra faire signe vers la dimension universelle de la franc-maçonnerie ; c'est ce que je vais montrer dans le troisième moment.

La dimension universelle et existentielle de la franc-maçonnerie

« Il répandra au-dehors les vérités qu'il a acquises au-dedans » ; dit autrement en étant dans l'harmonie, soit dans la cohérence, entre son être, son dire et son faire, le franc-maçon deviendra semence et semeur. Telle est à mes yeux la tâche essentielle qui lui est assumée ; tâche que nous rappelle d'ailleurs la devise de notre loge. Dit autrement, pour rayonner dans l'harmonie, il faut d'abord avoir fait, comme le grain de blé, l'épreuve de la mise en terre ; mais là encore il convient de s'entendre.

Mettre l'initié au contact de la mort est le propre de toutes les initiations ; que ce soient les rites des aborigènes australiens qui enterrent les néophytes pendant trois jours sous des feuilles pourries, ou les épreuves auxquelles sont soumis les jeunes Indiens, la cruauté apparente est au rendez-vous de n'importe quelle dynamique initiatique, pourtant il n'y a rien de plus cruel que l'absence de rites ; dans cette dernière configuration la vie n'a alors d'autres choix que de nous précipiter dans une initiation sauvage faite non plus dans l'encadrement ce ceux qui nous aiment (chamans, prêtres, guides…), mais dans la dureté d'une trajectoire ; le fait d'être, comme le grain de blé, enterré vivant – littéralement pour les Indiens aborigènes et symboliquement pour nous – n'a en réalité rien de catastrophique ; la vraie catastrophe, c'est d'avoir traversé la vie sans naufrage, d'être resté à la surface des choses, d'avoir pataugé dans le marécage des on-dit.

La traversée dans la difficulté du royaume de l'en bas, qu'un parcours maçonnique comme une existence humaine n'a de cesse de rencontrer, la sortie du pays où règne la déesse noire à trois têtes, devient alors la marque féconde, d'une initiation aussi avérée que continuée. Voilà à mon avis ce que nous rappelle le lien symbolique qui peut être tissé entre le grain de blé que je suis et que vous êtes tous. Au final, je dirais que l'analogie entre l'homme et le grain de blé nous rappelle avec force que pour assister à la venue de l'aurore, il faut passer par la nuit et que l'amour de vérité et de la lumière ne doit jamais être oublieux de l'importance de l'obscur ; dit autrement il ne faut jamais oublier que la blancheur de la fleur de lotus s'enracine dans la boue. Ainsi peut se comprendre *schibboleth*, le mot de passe qui permet d'entrer dans l'atelier des compagnons.

Chapitre 3 : sacré et culture contemporaine

(Enquête effectuée à partir d'une étude sur les rave-party)

En ce lieu de notre travail, nous allons avec William James définir le sacré[17] comme une expérience subjective et affective de l'individu qui prend conscience d'être relié à des réalités supra-sensibles ou de forces qui le dépassent, et dont Rudolphe Otto, à travers sa catégorie du « numineux »,[18] a bien souligné l'ambivalence d'exaltation ou de frayeur, de joie intense ou d'effroi profond. L'expérience du sacré[19] devient dès lors le fondement même du religieux en renvoyant au sentiment individuel avant de s'inscrire dans un cadre collectif. Le sacré, terme sur lequel nous reviendrons, n'existe pas en dehors de l'homme. Fondement essentiel de tous les phénomènes religieux, il suppose et

---

[17] William James, *L'expérience religieuse*, Paris, Alcan, 1906. J'ai décidé d'appréhender la catégorie de sacré à partir d'un phénomène culturel contemporain : une rave party. Ce point est important : il signale que la construction du temple signifie également l'amélioration intellectuelle et morale de l'humanité. Celle-ci s'enracine dans des fluctuations spirituelles des temps ; pratiquer une veille culturelle afin d'identifier des manières nouvelles de se rapporter au sens est donc une tâche qui incombe au franc-maçon. C'est à la lumière de ces explications qu'il convient de se rapporter à cette approche du sacré.

[18] Rudolphe Otto, *Le sacré*, Paris, Payot, 1949.

[19] Le sacré, n'existe pas en dehors de l'homme. Fondement essentiel de tous les phénomènes religieux, il suppose et implique toujours un homme qui en fonction de ses croyances ou de ses valeurs définit ce qui est à ses yeux est sacré. Cela implique que la frontière entre le sacré et le profane est toujours mobile. Loin de restreindre le sacré au paganisme, nous disons donc qu'il dépend du désir de l'homme mais aussi du choix des sociétés dans lesquelles il vit.

implique toujours un homme qui, en fonction de ses croyances ou de ses valeurs, définit ce qui, à ses yeux, est sacré. Cela implique que la frontière entre le sacré et le profane est toujours mobile. Loin de restreindre le sacré au paganisme, nous disons donc qu'il dépend du désir de l'homme, mais aussi du choix des sociétés dans lesquelles il vit.

La double dimension du sacré technophile

Le sacré semble renvoyer, d'abord, depuis les analyses de la philosophie religieuse du XIXe siècle, à un ensemble d'expériences subjectives de la personne qui, à l'occasion d'états affectifs particulièrement intenses, d'exaltation ou de frayeur, prend conscience d'être reliée à des réalités suprasensibles. C'est ainsi que William James rattache l'expérience intime du sacré à une constellation de sentiments. Pour lui, le sacré apparaît d'abord comme une expérience affective oscillant entre un enthousiasme lyrique et une paix sereine[20]. R. Otto, quant à lui, rattache le sacré à une structure émotionnelle *a priori*, le *numinosum* (le numineux), qui se rapporte à l'impression qu'a la conscience d'être conditionnée par une force indépendante de sa volonté, le tout Autre. Mais loin de se manifester comme univoque, l'expérience du numineux apparaît ambivalente et bipolaire : d'un côté le numineux est relation à un *mysterium tremendum*, sensation d'effroi panique devant une grandeur incommensurable ou une puissance souveraine, d'un autre, il est appréhension d'un *mysterium fascinans* qui s'exprime par des forces d'attraction vers quelque chose

---

[20] Voir *L'expérience religieuse : essai de psychologie descriptive*, Alcan, 1906, p. 424.

de merveilleux et de solennel. Le frisson sacré évoque cependant toujours la présence d'une énergie (*orgé* en grec), de quelque chose de tout autre qui nous arrache à nous-mêmes et nous trouble. Toujours selon Otto, deux formes dominantes de ritualisation du comportement sacré peuvent être relevées. Dans la première, le sacré se trouve privilégié à une expression dionysiaque où confluent surtout des excitations physiques, des formes d'exaltation du moi pouvant aller jusqu'à la violence ou l'extase, censées accompagner le contact avec le surnaturel. Dans la seconde, au contraire, le sacré se voit davantage pris en charge par une expression apollinienne marquée par la gravité intérieure, la calme solennité et le respect voués à la puissance tutélaire. Le sacré oscille donc entre un pôle dominé par l'altération du vécu (exaltation du moi, donnant naissance au sacré d'excès) et un pôle marqué par l'accentuation de distances et de coupures avec la puissance invisible : le sacré de respect. Celui-ci est caractérisé par une prise en charge plus marquée de l'intériorité.

L'hypothèse que nous allons défendre maintenant est que les deux pôles du sacré existent en régime de fêtes technophiles. Notre travail voudra également rapporter les fêtes techno à des cultures qui, elles aussi, s'efforcent de trouver des voies d'accès à l'ailleurs.

La dimension dionysiaque

« L'engouement autour des *raves,* ou plus encore des teufs, s'explique par deux clés : l'expérience de la transe et la capacité pour tout un chacun de reproduire cet événement », explique Lionel Pourtau.[21] C'est sans doute pour cela qu'un des sous-genres musicaux produits par la *House Nation* s'appelle tout simplement la *trance* (transe en français) ». Anne Rioche explique, pour sa part : « de nombreux *ravers* caractérisent la transe comme une montée d'adrénaline, une force intérieure qui se reconstitue au fur et à mesure qu'ils se laissent porter par la musique [...] Ils ont la sensation que des énergies les parcourent [...] Ils vivent un sentiment de bonheur ».[22] Mais qu'est-ce que la transe ? Le champ sémantique du mot français transe indique un espace franchi, un changement vers autre chose, vers quelqu'un d'autre, vers un autre état : on « entre » en transe, on « est » en transe, on « sort » de transe, ce changement de lieu signifiant la modification d'un état personnel. Ce que vit le sujet en transe, dans son corps et son esprit, dans sa propre conscience, échappe, en partie, à l'observateur qui ne peut que constater l'inscription de cette métamorphose sur le corps, les gestes, ou encore dans l'altération du visage du danseur (voir la description de la danse des teufeurs).

Le bruit, la surstimulation sensorielle (lumières) et la danse s'offrent, en réalité, comme des inducteurs de conduite hors-norme, de transe. En cette matière, un récit d'Euripide pourrait être extrait d'un fanzine techno : « des femmes quittent leur foyer, courent la nuit en pleine montagne sauvage, boivent du vin et dansent à en perdre haleine, la tête rejetée en arrière et précipitée en avant par des mouvements brusques [...] Elles sont vêtues d'une

---

[21] « Les sound systems technoïdes - Une expérience de la vie en communauté » *in La fête techno « tout seul et tous ensemble »*, Béatrice Mabilon-Bonfis (dir.), Autrement, Paris, 2004, p. 101.

[22] Anne Rioche, « Rave new world » *in Agora débats jeunesse*, 3e trim., 1997, p. 70.

fourrure de faon, la tête couronnée de lierre […] Elles donnent le sein à de petits animaux sauvages[23] ».

Sous le fouet conjugué d'éléments inducteurs, le *raver* ou teufeur contemporain peut donc sembler atteint de *menos* (c'est ainsi que les Grecs appelaient un mystérieux accès délirant), qui n'est rien d'autre, en réalité (au même titre que l'*atè*, la possession démoniaque dont parlait Homère, ou l'épilepsie, mal sacré pour les mêmes Grecs), qu'un mode de déploiement de la « folie sacrée » à laquelle les Grecs se rapportaient dans la crainte et la vénération.

On se rappelle que le mot folie vient de la racine indo-européenne *bhel*, exprimant l'idée de gonfler, donc de souffler. Comme la grenouille de La Fontaine « s'enfla si bien qu'elle creva », le fou, du latin *follis* (soufflet pour le feu), a la tête tellement remplie d'énergies venues d'ailleurs, d'énergies qu'il ne contrôle pas, qu'il voit sa raison exploser. Il nous semble, en conséquence, légitime d'affirmer que la fête techno s'apparente à ce que Roger Bastide appelle une sacralité de la transe. Pour lui, « celle-ci veut être pure expérimentation d'une altérité qui reste confuse et diffuse [mais qui apparaît comme] un acte gratuit ou un geste de révolte[24] ». Dans ce dernier cas « La techno n'est plus que la *bande sonore* du consumérisme, ferme ta gueule et danse […] Elle est désormais le complet apanage des technocrates, ce qui nous révolte et qui nous porte à […] danser ».[25] La transe s'offre comme une contestation du social, soit du système de règles venu du dehors corseter les volontés. En s'abandonnant à l'interdit, en faisant lever le

---

[23] Rapporté par Michel Meslin, « La somatisation du divin – Transe et possession », *in Encyclopédie des religions*, sous la dir. de F. Lenoir, Bayard, Paris, 2000, p. 2024.

[24] *Le sacré sauvage*, Payot, 1975, p. 231.

[25] « Antitek », *in* fanzine *TNT*, n°31, octobre 1996, p 1.

troupeau anarchique des fantasmes censurés, l'individu en transe devient alors un individu en contestation.

L'analyse d'un culte de possession va nous permettre d'avancer dans notre conquête des spécificités de la transe des technophiles.

Dans le vaudou, l'initié devient le cheval que monte le *loa* (l'esprit). Chevauché par cet esprit, l'initié « cheval » est investi de sa personnalité. Ceux qui ne sont pas « à cheval », et qu'on appelle les chrétiens vivants, veillent à ce que le cheval ne se fasse pas mal ; le sifflet et le fouet sont là pour empêcher que la possession n'induise des comportements trop violents, trop hystériques. Il nous semble important de rapporter cela dans la mesure où le sifflet est l'un des attributs majeurs du *raver*. Les emprunts au culte vaudou ne semblent pas s'arrêter là. En effet, nous savons que l'un des lieux de la *free* ou de la *rave* peut être un entrepôt ou un hangar. Or voici ce que nous dit Michel Meslin dans un article consacré aux rites de possession : « dans le vaudou haïtien [...] l'espace cultuel, le *hounfor* est souvent un simple hangar décoré de guirlandes de papier[26] ». Si la transe est, selon une définition maintenant classique, un état modifié de conscience, une interrogation voit le jour. Qui conduit la transe chamanique ? Anne Rioche répond : « le DJ a fonction de chaman moderne[27] ». Entrer dans l'intelligence de la *rave* ou de la teuf revient, corrélativement, à réfléchir sur la fonction chamanique.

Selon l'*Encyclopaedia Universalis*, « le chamanisme doit son nom à un type de personnage religieux, le chaman [...] qui de prime abord, se signale par un comportement à la fois caractéristique et personnalisé, connu sous le nom de

---

[26] *Op. cit., Encyclopédie des religions*, Lenoir, p. 2025.

[27] « Rave new world » *in Agora débat jeunesse*, 3e trimestre 1997, p. 72.

transe ». Or l'article insiste sur la difficulté de définir avec exactitude le chamanisme. Pour appréhender la notion, il hésite entre les catégories de « religion », de « disposition psychique » ou celle de « fou guéri ». La seule chose sur laquelle se rejoignent toutes les hypothèses, c'est qu'il s'agit d'une « pratique associée à un mode de vie primitif »[28]. On connaît cependant l'origine géographique du terme et le moment de sa découverte par les Occidentaux : « au XVIIe siècle, les Russes commencent à coloniser la Sibérie et rencontrent des individus qui affirmaient entrer en communication avec les esprits. Chez les toungouses de Sibérie orientale, on appelait ceux-ci *saman* ou *shaman* », nous expliquent Jeremy Narby et Francis Huxley, dans leur recueil de témoignages sur la question, *Chamans au fil du temps*[29]. En fait, l'analyse la plus aboutie jusqu'à ce jour semble être celle de Mircéa Eliade intitulée *Le chamanisme et les techniques de l'extase* (1951), dans laquelle il pose le chamanisme en tant qu'« expérience religieuse à l'état brut ». Jean-Jacques Wunenburger décrit, lui[30], le chaman comme un personnage sacré, c'est-à-dire, en l'occurrence, comme une personne se voyant attribuer des voyages vers les mondes suprasensibles (en ce sens il fait office de médiateur entre l'humain et le divin), mais aussi comme quelqu'un qui est susceptible d'intervenir dans l'organisation collective du sacré, bref, comme quelqu'un qui participe à l'institutionnalisation de sa puissance. Dire que le DJ est un chaman revient donc à signifier qu'il est entouré de numinosité et qu'il a le pouvoir d'être un foyer d'activation du sacré. Comment ? Précisons les fonctions

---

[28] Article « Chamanisme », *Encyclopaedia universalis des religions*, T1, Paris, 2005, p. 303.

[29] Albin Michel, coll. « Anthologie clés », 2002, Introduction, p. 9.

[30] *Le Sacré*, Que sais-je ?, PUF, Paris, p. 18.

du chaman en les rapportant aux propos de Jérôme Pacman, un DJ contemporain, et aux témoignages de *ravers*. « Le chaman doté de facultés extra-sensorielles et thaumaturgiques est capable d'entrer en contact avec l'au-delà[31] ». Or que nous dit notre DJ ? « Quand l'empreinte digitale râpe sur le microsillon, tu ressens le son. Tu voyages dans le son[32] ». Le propos ne fait-il pas état d'un accès au monde suprasensible ? Ne décrit-il pas une manière d'explorer des régions vibrantes de l'être intérieur, inaccessibles aux sens livrés à leurs seules forces ?

Et notre auteur de l'*Encyclopédie des religions* d'ajouter : « le rôle du chaman est d'apporter la pluie dans les périodes de sécheresse[33] », bref, d'avoir la possibilité de manipuler, d'exercer un pouvoir sur les éléments naturels, ce à quoi fait également écho, de manière analogique, le propos de Pacman : « pour nous (DJs de techno), les morceaux ne sont pas une fin en soi. On les manipule, on les travaille de l'intérieur, on les greffe, on les dégrade [...] On laisse les sons retomber, tantôt pluie, tantôt bourrasque, agate ou givre[34] ». On comprend que si, pour le chaman, les éléments naturels ne sont pas une fin en soi, dans la mesure où il peut agir sur eux, le DJ peut, métaphoriquement, à partir d'une manipulation d'éléments culturels (les microsillons), obtenir des éléments naturels. Dans un cas comme dans l'autre, des forces thaumaturgiques sont au travail, ce que confirme la fin du témoignage de Pacman : « [les DJs de techno] changent les couleurs du son ». Le ou les DJs sont donc à la transe des *raves* ou des *free parties*

---

[31] *Encyclopédie des religions*, La pochothèque, sous la dir. de Gerhard J. Bellinger, Paris, 1986, p. 143.

[32] *In Digraphie*, n°68, Mercure de France, Paris, p. 62-63.

[33] Michel Meslin, *op. cit.*

[34] *Ibid.*

ce que les musiciens sont à la transe de certains cultes de possession.

Les fêtes technophiles pourraient dès lors, du point de vue de la science des religions, être interprétées à partir de la notion d'adorcisme.

L'adorcisme est, en effet, le contraire de l'exorcisme ; ce comportement accueille au lieu de rejeter. L'appel des dieux ou de l'ailleurs par la musique est un *adorcisme*. Celui-ci est en réalité l'interprétation religieuse de la transe et de ses états. Il implique donc la croyance en un monde d'esprits et d'êtres surnaturels. Il se définit comme l'invasion d'un individu par un esprit étranger. Le possédé peut alors être vu comme étant investi par une force surnaturelle qui coexiste avec son corps, le domine, le force à accomplir des actes inhabituels et qui le fait agir en son nom.

Si nous devions prendre un exemple particulier, nous dirions que dans le *tromba*, l'un des cultes de possession de Madagascar (parmi les quinze cultes pratiqués, il est le plus important), « la musique joue un rôle important, produite par un orchestre de cithares, d'instruments de percussion, tambours, bidons, boîtes de conserve [...] La mélodie et le rythme sont des messages destinés à faire venir les esprits ; bien entendu comme dans tous les autres cultes de la possession, les musiciens professionnels ou non n'entrent jamais en transe »[35] (ils commandent celle des autres).

---

[35] Michel Meslin, *Encyclopédie des religions*, Lenoir, p. 2027. Dans son article, Meslin précise que, traditionnellement, la transe, loin d'être un défoulement collectif, est une régulation de contrôle social sur les jeunes et qu'elle n'a rien à voir avec un état hystérique. Si la transe des technophiles est hors-norme, eu égard aux conduites habituelles à adopter en société, elle vise à cimenter l'être-ensemble des membres de la

C'est, d'ailleurs, ce qu'indique Anne Rioche : « le DJ "musicant" a fonction de chaman moderne ; il établit avec le "musiqué", le *raver*, une relation interpersonnelle, qu'il emmène [fait voyager] à travers le son [...] Attentif à ses moindres mouvements, il l'entraîne dans le tourbillon de plus en plus violent de la musique qui insuffle le rythme de la danse et déclenche la transe[36] ». Pour mener à bien son projet, le DJ ne peut pas, le bon sens permet de le comprendre, être, lui-même, en transe. Mais cette dernière, conformément à celle pratiquée par l'antique chaman, se veut thérapeutique. L'est-elle vraiment ? Répondre à la question va nous permettre de faire surgir la dimension apollinienne du sacré technophile.

La dimension apollinienne

Les voyages dans l'au-delà permettent au chaman d'obtenir des bienfaits pour la tribu… et de découvrir de nouvelles manières de guérir. Bref, grâce au chaman, les membres de la tribu vont mieux. Or c'est précisément ce qui se passe dans une *rave*. Comme le chaman fait partager

---

House Nation. En ce sens, elle a bien une fonction régulante dans la mesure où elle se présente comme un facteur puissant d'identité culturelle. De la même manière, elle ne peut être qualifiée d'hystérique, de « folie » que par ceux qui ne la connaissent que de l'extérieur (*cf.* l'exemple d'Euripide). L'extase que procure la possession reste bien un dépassement de l'habituelle condition physique et sociale de l'initié, puisqu'elle repose sur la négation des normes rationnelles de l'existence. Mais, paraphrasant une formule célèbre, on peut dire que la sagesse inhérente à la transe est folie aux yeux des profanes.

[36] *Op. cit.* p. 72. "Le battement répétitif du *kick* (rythme de base qui donne son tempo régulier à un morceau techno) et le minimalisme des basses, font penser aux tambours des tribus lorsque le chaman allait communiquer avec les esprits", cité *in La Fête techno*, p. 19.

aux membres de la tribu les expériences de ses transes, le DJ offre aux *ravers* la possibilité d'aller mieux, c'est-à-dire d'être plus en harmonie avec leur intériorité. Qu'est-ce à dire précisément ?

« La possession, écrit Michel Meslin, agit comme un élément structurant indispensable pour certains sujets comme pour la société à laquelle ils appartiennent. Elle permet, en effet, aux individus d'exprimer certains aspects de leur personnalité, de leurs désirs, de leurs besoins, qu'ils ne peuvent exprimer dans la vie quotidienne normale[37] ».

La signification du propos est que le vide de soi, que procure la transe, libère des tendances cachées inconscientes qui s'extériorisent, comme si la part « dominée » de l'individu se vengeait en quelque sorte de la part extérieure, socialisée du sujet. La présence étrangère qui possède l'individu est ressentie comme l'expression du refoulé (ses pulsions violentes étant mises au compte de l'esprit dont il accomplit la volonté). Si la transe en elle-même est dionysiaque, la sortie de transe, peut être synonyme de gain en vitalité intérieure, en régénérescence, en sérénité, en bonne fatigue, en bonheur d'avoir été lié, l'espace d'un moment, à quelque chose ou à quelqu'un d'invisible ou de supra-réel. N'est-ce pas à la lumière de ces explications qu'il conviendrait de lire les témoignages post-transes rapportés par Rioche : « j'ai eu le sentiment d'avoir tout évacué, d'avoir tout exorcisé […] Les *ravers* semblent être dans le bonheur » (*op. cit.* p. 66) ou encore « la *rave* crée un autre monde […] Dans cet univers on peut se découvrir soi-même [38] ». Sur ce point, une chose est certaine : la

---

[37] *Encyclopédie des religions,* p. 2023.

[38] Rodolphe cité *in La fête techno* p. 160. Même son de cloche chez Christophe : « Je me construis avec cette musique. C'est pour moi un guide vers les valeurs, une philosophie, un art de vivre. » *op. cit.* p. 19.

dynamique bienfaisante de la transe de possession est particulièrement au travail dans le culte dit du *tromba*, que nous avons déjà évoqué. Ce culte, qui vise à une communion avec les ancêtres, a clairement pour but une recherche de bien-être, de mieux-vivre. De la possession *tromba*, le pauvre attend la richesse, et le malade, la guérison. Bref, si la transe en elle-même est dionysiaque, sa sortie n'en demeure pas moins apollinienne, si l'on considère que le pôle apollinien du sacré s'exprime à travers une vitalité intérieure accrue. Que la transe des *ravers* ou des teufeurs puisse, en ce sens, être rapportée à certains rituels de possession traditionnels nous paraît donc être une thèse légitimement défendable, d'où notre ultime hypothèse : dans les fêtes techno, les *ravers* ou teufeurs réinterrogent de manière manifeste la notion de sacré. Si la transe privilégie incontestablement la dimension dionysiaque, cela ne signifie pas que la dimension apollinienne soit absente des fêtes techno.

En guise de conclusion

En substituant des machines sonores aux instruments traditionnels, le musicien techno prend un malin plaisir à techniciser l'univers des loisirs humains, signifiant par-là que « la teuf » est reflet et symptôme de notre société. Parvenir à accorder le rythme des évolutions sur la piste au rythme soutenu de la machine, constitue le but recherché par le musicien techno. L'œuvre trouve ainsi son achèvement si elle parvient à induire, dans l'assistance, un behaviorisme chorégraphique. S'il peut sembler inquiétant, le projet esthétique de la techno, dans son ironie, ne manque pas d'intérêt ; il nous laisse entrevoir un univers où, par un effet de causalité circulaire, les produits de la culture technico-scientifique élaborés par l'homme viennent, en retour, déterminer les comportements humains par le truchement d'une signalétique sonore, renforcée la plupart du temps par une signalétique lumineuse qui en accentue l'impact. Naturellement, la dimension essentiellement ludique du projet désamorce en partie l'inquiétante étrangeté du thème. Il ne s'agit ni de rivaliser avec la machine, ni d'en contester le domaine, mais de se laisser ravir (tel est un autre sens que l'on peut donner au mot *rave*) par ses cadences rigoureusement calibrées en BPM (*beat per minute*). Le musicien techno s'ingénie donc, par le goût du jeu, à mécaniser l'humain, ce qui, d'après Bergson, constitue l'essence même du comique.

Il y a donc clairement un *Homo ludens* au travail dans les *raves* ou les teufs. Cet *Homo ludens* n'est pas politique si l'on définit le politique comme un projet, quelle que soit la qualification de ce projet (révolutionnaire, conservateur, réformateur). La fête techno est davantage l'expression paroxystique d'un *hic et nunc,* que celle d'un *pro-jectum* ; sa temporalité essentielle est, en conséquence, plus le présent que le futur. Mais si la fête n'est pas politique au sens classique du terme, elle témoigne toutefois d'une forme de non-acceptation de la société telle qu'elle est. Celle-ci est jugée trop stérilisante, dans la mesure où elle déploie toutes ses forces pour éradiquer la « part d'ombre », ce que Pascal appelait la misère. La valeur de la *rave* consisterait alors en une production d'« être ensemble » cimenté par le sentiment d'une forte appartenance identitaire, résolument enracinée dans une acceptation de la part maudite inhérente à l'intériorité de chaque homme. Les technophiles construiraient donc, ici et maintenant, un ailleurs qui ne mettrait pas sous le boisseau la part nocturne de l'homme.

Si l'on suit Maffesoli, ce point constituerait une valeur et, peut-être, les prémisses d'une nouvelle sagesse : « il est possible de donner une expression à l'excès, de manière que cet excès ne prenne pas d'effet pervers [...] Il faut trouver les moyens d'expression de cette part d'ombre [...] Les rassemblements techno sont un bon moyen d'intégrer [...] la part du diable [...] Ces pratiques juvéniles sont une sagesse (permettant de) mettre l'accent sur l'entièreté de l'être [...] On sait que l'on est aussi pétri d'ombres et de boue [...] Je trouve dangereuses ces lois concernant les rassemblements du monde techno [...] En les criminalisant, on va les rendre sauvages donc incontrôlables »[39]. Si Maffesoli porte un regard bienveillant sur ces pratiques, il ne faut toutefois pas faire fi de ce que Caillois appelle la « pansacralisation » et que Wunenburger résume de la sorte : « beaucoup d'activités sociales donnent lieu aujourd'hui à des expressions paroxystiques, individuelles ou collectives qui prolongent, imitent ou remplacent les rites sacrés. Les moyens de transport (voiture, moto), de communication et de reproduction électronique (musique) sont recherchés pour retrouver, à travers les émotions extrêmes qu'ils procurent, les changements d'état et la violence liés à la transe. De nombreux rassemblements collectifs de musique [...] retrouvent ainsi l'atmosphère de dépossession et d'effervescence d'archaïques fêtes religieuses [...] Ces entreprises de resacralisation (peuvent être) porteuses de simulacre ou d'illusion, dans la mesure où elles demeurent généralement étrangères à la (véritable) transcendance [...] poussant l'homme à n'être qu'un miroir de lui-même[40] ». Nous signalons, pour notre part, que Michel Lacroix, dans un ouvrage intitulé *Le culte de l'émotion*, a également, à sa manière propre, fustigé la correspondance qu'on pouvait établir entre surstimulation sensorielle et transcendance. Sans définir le statut de la véritable transcendance, nous dirons simplement que les avertissements lancés par Caillois,

---

[39] *In La fête techno*, *op. cit.* p. 347-348.

[40] Jean-Jacques Wunenburger, *Le Sacré*, Que sais-je ?, PUF, Paris, p. 123.

Wunenburger ou Lacroix doivent être entendus. En même temps, il est difficile de ne pas voir dans un certain nombre de phénomènes des traits religieux indicatifs de certains transferts de sacralité. Nous proposons, en conséquence, au lecteur, l'interrogation qui suit : dans le souci de construire des chemins de rencontres spirituelles ou religieuses, il nous paraît décisif de ne pas mépriser certains phénomènes. S'ils sont porteurs de confusion, ils ne doivent, en effet, pas nous autoriser à oublier (ce que les auteurs suscités reconnaissent d'ailleurs) qu'ils témoignent néanmoins d'un besoin de dépasser un monde étroitement domestiqué et d'un désir de ne pas fixer l'existence autour des seuls impératifs d'adaptation. La dimension ambiguë de ces entreprises de resacralisation, fussent-elles parfois frappées du sceau de la confusion, ne nous donne-t-elle pas, en conséquence, plus à penser qu'à mépriser ? Pour répondre à la question, Roger Bastide nous fournit une ligne de travail précieuse : « après une longue période de développement de l'athéisme, ou seulement d'abandon à la différence (nos contemporains se rendent compte) de l'existence, en eux, d'un vide spirituel à combler et [constatent] à partir de ce sentiment de vide qu'une personnalité qui ne s'enracinerait pas dans une sorte d'enthousiasme sacré ne serait en définitive qu'une personnalité châtrée de ce qui constitue une dimension anthropologique universelle et constante[41] ».

Marcel Neusch précise, à sa manière propre, les propos de Bastide : « Il se peut que le sacré ait été enfanté par la crise d'un monde sécularisé. La réplique qu'il représente est d'abord le signe d'une insatisfaction. En cela, il a valeur positive. On sait qu'aucune avancée ne peut se produire en l'absence d'inquiétude. Pour naître à Dieu, il faut avoir éprouvé l'angoisse de ne pas pouvoir se saisir soi-même.

---

[41] *Le sacré sauvage et autres essais*, Paris, Payot, 1975.

Mais si le sacré est l'expression d'une attitude réactive face à un monde désenchanté, il peut aussi, par les figures qu'il prend, bloquer l'ouverture à la foi qui est accueil d'une figure telle que Dieu se la donne. À cet égard, le sacré est un rival, même si on doit lui reconnaître la possibilité de devenir un allié. Le "saint" fait meilleur ménage avec le profane qu'avec le sacré, car le profane écarte toute confusion avec les idoles. Dans le cas du sacré, cette confusion est toujours possible, ce qui comporte l'inévitable risque d'une dégradation de la foi. On s'en tiendra donc, jusqu'à plus ample informé, à enregistrer l'ambiguïté du sacré et à indiquer, comme tâche, sa nécessaire purification. Un monde désenchanté ? Il ne souffre pas encore d'un vide de dieux. On serait plutôt enclin à penser qu'il y a un trop plein. »[42]

---

[42] Marcel Neush, *Aujourd'hui Dieu*, Desclée de Brouwer, Paris, 1987, p. 32.

LIVRE III

Chapitre 1 : Les cinq points de la maîtrise

Les cinq points de la maîtrise… c'est le titre de ma planche ; d'où sa problématique : comment et pourquoi faire surgir la richesse et la complexité desdits cinq points ? Pour répondre à la question, je vais d'abord parler de ce qui se passe lors de la cérémonie d'exaltation à la maîtrise, avant la découverte des cinq points ; ce moment me conduira à lire à une lumière nouvelle le chiffre cinq déjà rencontré lors de mon compagnonnage ; ensuite, je présenterai et ausculterai les cinq points, enfin je soumettrai à votre jugement quelques réflexions sur la maîtrise m'étant venues à l'idée après la découverte des cinq points.

Symbolique du cinq (avant la découverte des cinq points)

Le premier moment du rituel de passage du deuxième au troisième degré est une surprise, un inattendu qui, comme tous les inattendus, doit être placé au tamis de la réflexion. En effet, plongé dans le noir du deuil et de la tristesse, je commence par être pris en soupçon, interrogé. Fort heureusement, l'enquête se termine par la reconnaissance de mon innocence dans le meurtre du Maître. Je suis donc jugé digne par mes frères de connaître l'acacia qui se dit en grec *a-kakia*, à savoir privé (a privatif) de méchanceté, de désir de nuire, de vices (*kakia*) et des contre-valeurs portées par les mauvais compagnons à savoir l'ignorance, le fanatisme et l'hypocrisie de la mauvaise ambition ; cela ne signifie naturellement pas que mes frères me jugent absolument innocent, mais simplement que je suis capable de cheminer toujours un peu plus vers un mode d'être un peu moins vicieux, bref, que je suis capable d'élévation ; c'est sans doute pour cela que, grâce à l'acacia, je découvre, dans le troisième moment de la cérémonie, après avoir erré (temps fort du second moment rituellique), les restes d'Hiram, dont l'une des traductions possibles en hébreu est élévation. Sur ce point, une analogie entre cette traduction du mot Hiram et l'une des interprétations de la couleur noire peut être faite.

Dans la langue des pharaons, noir qui se dit *kem* qui veut dire élévation ; cela me donne à penser que si le noir du début de la cérémonie renvoie bien au deuil, il me prévient que la cérémonie va donner à penser la notion d'élévation. En dépit de la convocation du lexique pharaonique, je ne ferais toutefois pas travailler ici les analogies bien connues entre la mythologie maçonnique et la mythologie égyptienne, je renvoie à de très nombreux ouvrages d'obédience historique, mon objectif en ce lieu est tout autre. Je souhaite en effet simplement montrer comment le nombre cinq nous est donné à penser par le nom du maître. On remarque d'emblée que le nom contient cinq lettres et qu'il commence par la lettre H, cinquième lettre de l'alphabet hébraïque.

Ces deux observations m'invitent à réfléchir autrement qu'en régime de compagnonnage sur la symbolique du chiffre cinq. Dans le contexte de la cérémonie d'élévation à la maîtrise, le nombre fait clairement signe vers la lumière et l'eau et partant vers la vie. La lumière d'abord : le mot Hiram, dont le prénom, je le répète, contient cinq lettres et commence par la cinquième lettre de l'alphabet, vient de la racine *heit* qui fait signe vers l'éblouissement et la brillance. Le nom même d'Hiram nous donne donc à penser le lien entre la lumière et le chiffre cinq. L'eau ensuite. Allégoriquement, la cinquième lettre de l'alphabet hébraïque représente l'eau, à savoir la grande propagatrice de la vie dans l'univers. Or ici, deux remarques s'imposent : le mot résurrection vient en effet du latin *rescusitare* qui veut dire littéralement « être remis debout » ; l'équivalent hébraïque du mot est *tanak* qui veut dire précisément « se tenir à la verticale », mais aussi « bible » ; or c'est précisément dans la bible de Tanak que le nom d'Hiram apparaît.

Ces analyses m'aident à mieux saisir la résurrection, au sens étymologique, d'Hiram : en renaissant en moi et dans les milliers de millions de maîtres qui m'ont précédé et qui me succéderont et auquel je suis maintenant uni pour la pérennité des objectifs maçonniques, Hiram ne fait rien d'autre que propager la vie, qui à mon humble avis constitue le caractère irréductible de toute transmission. À mes yeux, en effet, la transmission ne consiste pas à transmettre des savoirs provinciaux (géométrie, histoire, sciences) qui changent aussi vite que le sentiment d'une maîtresse, mais à faire en sorte que le récipiendaire puisse s'initier lui-même, à savoir qu'il peut sans cesse, non pas suivre un chemin, mais inventer encore et toujours le chemin qui est le sien, dans le respect de la tradition à laquelle il a choisi librement d'adhérer et d'appartenir. Dit autrement, la transmission ne consiste pas selon moi à décongeler un savoir, mais à inviter le récipiendaire à vivre le nombre cinq dans sa symbolique hébraïque qui fait signe vers, entre autres choses, la confiance, la prise de conscience en profondeur de quelque chose de nouveau ou encore la volonté et les moyens d'effectuer dans le monde les exigences de sa propre conscience. Fort de ces préalables, j'ausculte à présent les modalités de la résurrection d'Hiram, bref, je scrute les cinq points parfaits de la maîtrise.

Les cinq points de perfection

Alors que deux frères ont échoué au redressement d'Hiram, le Très Vénérable Maître, aidé par eux y parvient d'une manière spécifique que je décris d'abord littéralement. Se prendre mutuellement le poignet droit, en formant la griffe ; s'approcher réciproquement du pied droit par le côté intérieur ; se toucher réciproquement le genou droit ;

rapprocher les poitrines du côté droit ; poser réciproquement la main gauche sur l'épaule droite vers le dos, pour se tenir plus étroitement et s'attirer l'un à l'autre. Si chaque point possède une symbolique particulière, les cinq points font signe globalement vers la solidarité, la fraternité irréductible et l'humilité. Je le montre. Main contre main pourrait signifier que je tendrai toujours la main à un frère pour l'aider tant que cela sera en mon pouvoir (main se dit *iad* en hébreu et signifie également pouvoir). La jonction des mains m'a pour ma part donné à penser l'Étoile Flamboyante, aux « Cinq Pointes de Lumières », qui met le sceau final à notre fraternité ; c'est en tout cas comme cela que j'interprète la disposition des doigts dans la poignée de mains des Maîtres !

Mais il y a plus : c'est bien avec la main que l'homme sculpte, dessine, peint, écrit, bref, transmet et donne chair à des capacités spécifiquement humaines ; c'est avec ses mains qu'Hiram a tracé et construit le temple. Tendre la main droite à l'autre pourrait alors symboliser une invitation à la connaissance, soit à la naissance avec l'autre ; l'autre signifiant ici une tradition, mais aussi des visions du monde différentes. Dans cette perspective, il faudrait de l'équilibre, car sortir de soi n'est pas toujours chose aisée. Le soutien qu'apporte le Très Vénérable Maître dans le pied contre-pied peut alors se lire de la manière qui suit : il permet au récipiendaire de disposer d'un pivot, d'un socle, d'une base pour garder son équilibre dans la position verticale qui est désormais la sienne et qui indique que l'homme n'est rien qu'un être permanent de la transcendance (sortie de soi), soit un lien entre le ciel et la terre. C'est la tradition maçonnique figurée par le Vénérable Maître qui servirait alors de pivot au récipiendaire. D'une manière peut-être plus littérale, pied contre-pied, pourrait vouloir dire que je n'ai pas à avoir peur de m'écarter de mon chemin pour rendre service à un frère souffrant (on sait qu'en symbolique occidentale, le pied fait signe vers la blessure, comme le talon d'Achille par exemple).

Dans le sillon de ce qui précède, l'inflexion des genoux est là pour nous inciter explicitement à l'humilité, nous mettre en garde contre l'ambition démesurée et irréfléchie. Dans l'iconographie occidentale, le genou est associé à la requête ou à l'hommage. Traduction : si je peux être en requête à l'endroit de mes frères, je dois aussi accueillir les leurs, on se rappelle ici que dans l'acte amoureux, les genoux ouverts symbolisent l'accueil de l'autre. Je précise : le genou est en effet une articulation fondamentale, il est le moteur de la marche en avant. Or celle-ci ne doit jamais perdre de vue l'humilité. Si ma marche va bon train et que mon frère est malade, je dois stopper ma marche pour l'aider. Que le genou soit symbole d'humilité, la prière en témoigne ; certes l'initiation nous dit que nous ne mettrons jamais plus un genou à terre, mais je rappelle ici que dans les Évangiles c'est le Christ lui-même qui dit : « le temps viendra ou personne ne mettra un genou à terre ». Il fustige ici, non pas l'humilité, mais les idolâtres formalistes qui s'imaginent par superstition, c'est-à-dire par rites non compris, qu'on peut aller vers la lumière. Le symbole du genou nous rappelle alors que quelle que soit la vitesse de notre marche en avant, le travail ne s'arrête jamais. On doit toujours avoir à l'esprit qu'on peut chuter à tout instant et qu'on n'en a jamais fini de connaître et de comprendre ce que l'on fait quand on fait, bref, de s'initier soi-même en inventant toujours et encore son propre chemin dans le respect de la tradition. D'où notre lecture du quatrième point.

Le quatrième point est atteint lorsque les poitrines se rejoignent par leur côté droit. La poitrine est le siège des poumons, de la respiration et du souffle. Le souffle se dit *pneuma* en grec, *spiritus* en latin, et *rouah* en hébreu. Le souffle c'est donc l'esprit ; par esprit chacun entend ce qu'il peut ou veut ; certains y accoleront le qualificatif saint, d'autres n'y verront qu'un tas de complexités neurobiologiques et d'aucuns, enfin, dont je fais partie, y verront une entité capable de réconcilier ceux qui croient au ciel et ceux qui n'y croient pas. L'esprit est en effet pour moi la capacité de dépassement caractéristique de l'être homme ; il est cet instinct qui nous élève et que nous ne pouvons réprimer. Condition de possibilité de la pensée, il est le grand ensemble qui englobe, conditionne et permet l'exercice et l'optimisation de toutes nos facultés sensibles ou rationnelles. Recevoir l'esprit, le souffle de l'autre, c'est donc être dynamisé par l'autre dans sa quête d'une vie spécifiquement humaine. Cette posture appelle un approfondissement du cinquième point résurrecteur. Là, je le rappelle, la main gauche, celle du cœur du Très Vénérable Maître rejoint l'épaule droite du nouveau maître. Ainsi les deux corps sont plus étroitement rapprochés et font donc signe vers l'union irréductible où chacun épaulera chacun. Point important : c'est au moment où les restes d'Hiram sont réunis, bref, que le chiffre cinq a bien rempli sa fonction unificatrice (pensons ici aux anneaux olympiques), que le Très Vénérable Maître communique à Hiram le mot sacré MB. L'interprétation des cinq points ayant été réalisée, je passe au troisième moment de la planche

Après la découverte

Cette cérémonie m'a donné à ressaisir certains pans de mon jeune cheminement maçonnique. Entre ce dernier et ma vie profane, d'étranges passages ont eu lieu. En effet, lorsque j'étais Apprenti, un étudiant est venu me voir pour que je dirige son Master consacré au silence. Compagnon, une étudiante m'a sollicité pour que je dirige le même exercice consacré cette fois au voyage, appréhendé comme pèlerinage laïc. Enfin, pendant et après ma maîtrise, j'ai vécu une expérience de trahison, une épreuve affective sur laquelle je ne m'étendrais pas plus que cela. Une chose est toutefois certaine : ces passages entre la vie profane et la vie maçonnique m'ont profondément questionné, troublé. Ils ont en tout cas, entre autres choses, dynamisé mon désir d'être parmi vous. Comment alors mettre en rapport ma présence parmi vous ce soir et mes premières tenues ? Je vous livre quelques-uns de mes chantiers réflexifs.

L'Apprenti que j'ai été et que je suis toujours se coupait la gorge pour montrer ainsi sa volonté de ne pas céder à parler sans réflexion, bref, pour être initié à la prudence verbale, mais il ne prenait pas beaucoup de responsabilités, dans la mesure où il s'exposait assez peu. À la question « êtes-vous franc-maçon ? », je répondais par exemple « mes frères me reconnaissent comme tel ». Le Compagnon que j'ai été et que je suis toujours symbolisait par la main sur le cœur le détachement aux excès du sentiment susceptibles de perturber sa volonté. En outre, dans son auto présentation il se découvrait un peu plus. À la question du tuilage, il répondait « j'ai vu l'étoile flamboyante ». Me présentant alors comme un voyageur des ténèbres vers la lumière, je reconnaissais toutefois que pour mener à bien mon projet, j'avais besoin d'une guidance forte, celle de l'étoile flamboyante en l'occurrence. Le nouveau Maître que je deviens par la position de la main sur le ventre déclare la guerre aux passions vulgaires ; il entend par sa position dominer ses instincts les plus grégaires, et ce, d'une manière ferme et résolue. Lorsque je dis « éprouvez-moi, l'acacia m'est connu », je montre ma capacité de décider de la direction à prendre seul. Cela ne signifie naturellement pas que je fasse fi des acquis des grades précédents ; cela veut simplement dire que j'entre symboliquement (l'acacia) en possession d'une détermination nouvelle susceptible de m'autoriser à vaincre mes faiblesses, à terrasser mes mauvais compagnons, bref, à entendre que le cheminement maçonnique, comme le cheminement existentiel en règle générale, est dynamisé par la notion d'optimisme tragique. Je m'explique : les victoires sur les passions cohabiteront toujours avec des chutes, des moments de solitude, de deuil et de tristesse que seule la volonté droite, mais aussi l'amour fraternel m'aideront à mater.

Quelle interprétation au final donner à la cérémonie d'exaltation ? J'en propose une : la mort et la résurrection d'Hiram ne sont évidemment pas historiques ; elles figurent plutôt selon moi la dynamique qui attend tout chercheur cherchant (en maçonnerie ou ailleurs d'ailleurs). La mort, comme la résurrection, soit la sortie des entrailles de la Terre, n'est pas un événement définitivement passé, mais ce binôme est toujours à venir, dans le cadre d'un cycle qui caractérise, à mes yeux, n'importe quelle recherche. Idem pour les cinq points : la jonction des pieds, l'inflexion des genoux, la jonction des mains, le serrement de la main gauche sur l'épaule droite et finalement le baiser de paix sont toujours à renouveler ; l'épar est toujours à réunir. Il faut donc toujours veiller, car la désintégration de l'être veille et nos mauvais compagnons restent tapis. Dit autrement, par le passage de l'horizontale à la verticale, je suis passé du plan terrestre à l'état de lien entre la terre et le ciel, mais je peux toujours revenir en terre ; cela signifie qu'à mes yeux, le cheminement maçonnique n'est pas à ranger du côté des vieilleries métaphysiques des Lumières qui prônaient un optimisme béat et bêlant à l'endroit de l'homme et de ses capacités. Il nous invite plutôt à penser un optimisme tragique, c'est-à-dire à envisager une espérance qui ne fait pas fi de nos côtés nocturnes. Le sens de ces propos est clair : on ne devient pas Maître en un seul instant. Le nouveau Maître que je suis doit se rendre compte qu'il a sans doute « sept ans et plus », mais que c'est surtout dans le « et plus » que tout se joue…

Chapitre 2 : les devoirs du Maître

« À partir du règlement du Grand Orient de France (GODF) et de ton expérience personnelle, quels sont les devoirs du Maître ? » C'est la problématique de cette planche. Pour prendre en charge mon questionnement, je vais travailler en trois temps : d'abord j'expliquerai pourquoi et comment la plénitude des droits maçonniques conférés au Maître suppose et implique des devoirs. Ensuite j'ausculterai davantage ces devoirs en les mettant en rapport avec le règlement du GODF. Dans un ultime moment, je montrerai à partir de mon expérience personnelle comment j'ai vécu et acté lesdits devoirs.

Montrer, en m'appuyant sur la recommandation qui m'a été faite de solliciter les principes généraux de notre ordre, que les droits du Maître maçon cachent une forêt non moins imposante de devoirs, est la tâche que je m'assigne.

Des droits aux devoirs du Maître

Comprendre la forêt des devoirs du Maître maçon revient d'abord à scruter l'arbre de ses droits. C'est dans cette perspective que je vais me livrer à une brève enquête étymologique portant sur le mot maître, car étymologiquement les substantifs maîtres et droits nouent des liens d'intimité.

Le mot maître vient du latin *magister*, terme faisant signe vers le champ lexical de la direction, de la gouvernance et de l'enseignement. Apparu pour la première fois en ancien français en 1080, le mot s'éclaire également à la lumière de la signification hébraïque et grecque du terme. L'hébreu *Rabbi* ou le grec *didaskalos* insistent en effet primordialement sur la dimension enseignante et partant transmissionelle du substantif. Le maître, entendu au sens de celui qui domine un art et par extension une méthode et/ou une co-naissance (professeur, mentor) serait donc celui qui possède le droit, et la légitimité, de transmettre et d'enseigner ; en régime maçonnique, le maître honorerait *a priori* les exigences posées par une première enquête étymologique ; cela signifie que le troisième et dernier grade de la maçonnerie symbolique du premier degré conférerait à celui qui en est titulaire un certain nombre de droits ; ce que confirme le dictionnaire universel de la franc-maçonnerie : « le grade de Maître confère à celui qui en est titulaire la majorité des droits maçonniques ». Et le dictionnaire de poursuivre dans une excellente synthèse de notre règlement général : le Maître qui porte un tablier de forme rectangulaire liseré de bleu (au rite français) ou de rouge (rite écossais) et qui possède une position dite à l'ordre, une marche, un salut et des signes de reconnaissance spécifiques révélés lors de la cérémonie d'élévation (*cf.* article V des principes généraux de l'ordre) et dont l'âge est de sept ans et plus aurait en effet « la plénitude des droits en loge et dans l'obédience » (*cf.* encore article V des Constitutions) ; le grade rend en effet le maçon éligible aux différents offices de sa loge (quelquefois après une certaine ancienneté – deux à cinq ans) ainsi qu'aux responsabilités dans la direction de l'obédience à laquelle sa loge est rattachée. Il donne aussi vocation aux grades supérieurs que détiennent les ateliers de perfectionnement.

Il ne faut pourtant pas s'y tromper : ses droits sont avant tout commandés par des devoirs, terme qui apparaît trois fois dans les sept articles des principes généraux de l'ordre maçonnique alors que le mot droit, lui, n'apparaît qu'une fois. Le sens de ces quelques lignes est clair : les droits du Maître supposent et impliquent des devoirs, soit des choses dues. Le mot devoir vient en effet du latin *debere* qui signifie choses dues, choses devant être rendues. Quelles sont alors les choses dues, soit le devoir des maîtres ? Globalement on dira, en s'appuyant sur l'article 2 des constitutions (la franc-maçonnerie recommande la propagande par l'exemple) que le Maître a d'abord des devoirs dont le commun est l'exemplarité. Et ce en loge comme en régime profane.

Les devoirs des maîtres en loge et le règlement général du GODF

Le maître, parce qu'il est possesseur de la plénitude des droits maçonniques, doit être le plus fidèle possible aux devoirs assignés, selon nos principes généraux, à tout franc-maçon. On comprend alors avec aisance que les devoirs du Maître ne sont que le parachèvement, ou l'aboutissement et des engagements/obligations pris au moment de l'initiation (assiduité, respect du serment portant sur le secret, pratique de la solidarité fraternelle, travail…) et lors du passage au grade de compagnon. Cela étant dit, entrons toutefois dans le détail des devoirs en rapportant lesdits devoirs aux principes généraux de l'ordre maçonnique. D'où la première déduction que voici : le premier devoir du Maître, est d'avoir participé aux « épreuves graduées prescrites par les rituels » (*cf.* article V). Pour ce qui le concerne, le Maître a dû être reconnu comme tel par ses frères et ses pairs au cours d'une cérémonie d'élévation suivant elle-même une initiation et un passage au grade compagnon.

Mais il y a naturellement davantage : « le franc-maçon a pour devoir, en toute circonstance, d'aider, d'éclairer, de protéger son Frère même au péril de sa vie », lit-on dans l'article 3 ; cela signifie que le Maître doit, en loge, d'abord s'offrir comme l'incarnation de cet idéal de solidarité, soit comme une chair de cette proposition de sens visant à accorder une attention particulière à ses frères en situation de précarité ; dit autrement, il doit apparaître comme un praticien avéré de la solidarité et être en cela un garant fidèle et persévérant de l'idéal de solidarité auquel il est fait allusion dans l'article. De la même manière, il doit, si l'on interprète l'article 4, considérer le travail en général et le travail en loge en particulier, comme un devoir participant du cheminement d'humanisation ; cela signifie qu'au-delà d'une présence régulière, il a à participer activement et de manière féconde aux travaux (planches, prise de parole) et ce conformément aux principes écrits que l'on trouve dans les cinquième et sixième lignes de l'article 1 des principes généraux ; cela veut dire que ses paroles, ses actes et ses écrits (planches) doivent toujours être placés sous les auspices de la « tolérance mutuelle, du respect des autres et de soi-même et de la liberté de conscience ». Cela signifie également, si l'on scrute les mots de tolérance, respect et liberté de conscience, qu'il a sans cesse à viser l'acceptation des différences et faire preuve d'estime et de considération à l'endroit des frères qui n'ont ni son niveau, ni ses opinons, ni sa vision du monde.

Le sens de ces propos est que le Maître se doit de monter que sa connaissance ne relève pas du savoir congelé, mais qu'il est bien devenu autre (il est né avec ce qu'il a assimilé ; co-naître) grâce à la méthode (du grec *metodos,* chemin) maçonnique ; cela veut dire que la connaissance des outils et de la symbolique lui ont permis d'être ce qu'il est ; ainsi doit-il montrer qu'il a mis en acte les qualités inhérentes à chaque outil soit, avoir le sens, entre autres vertus, de la mesure (règle), du discernement (ciseau), de la persévérance volontaire (maillet), de l'ouverture (compas) et bien sûr de la truelle qui sert à cimenter les pensées (dans les planches), les actes (cohérence visant à penser sa vie et à vivre sa pensée) et les assemblées vénérables que constituent les loges (cheminement dans l'amour fraternel). Il ne faut toutefois pas s'y tromper : en régime profane, tout en veillant à ne pas divulguer le secret maçonnique (*cf.* article 2) il doit également s'efforcer de faire, comme le dit le rituel, « aimer notre ordre ».

Les devoirs du Maître et mon expérience personnelle

Au terme de cette présentation, une remarque et une question doivent être formulées. En hébreu, le terme maître, je le répète, se dit *rabbi* ; mais un autre mot existe : il s'agit du mot *gebiyr* (maître, puissant) venant de *gabar* qui signifie, rendre fort, fortifier, confirmer et montrer sa puissance ; il me semble alors pouvoir dire que le Maître maçon que je suis à pour part, – et je dis bien seulement pour part – (je vais y revenir fort longuement dans cette planche et dans le travail consacré aux mauvais compagnons) honoré les exigences du terme *gabar*. Je me suis en effet efforcé, autant que faire se peut, de confirmer, par le truchement de quelques devoirs accomplis, mes engagements préalables, ai tenté de fortifier mes frères par des prises de parole fréquentes, des planches toujours rendues en temps et en heure ; j'ai ainsi montré ma puissance (mon pouvoir) consistant à honorer les réquisits de mon initiation.

Mais il y a davantage : c'est en loge où je me suis montré assez attentif que j'ai appris que le devoir de chaque franc-maçon « était de faire aimer notre ordre » en « répandant à l'extérieur les vérités acquises au-dedans », bref, qu'il s'agissait en régime profane d'effectuer des valeurs maçonniques. De ce point de vue, je pense avoir répondu un peu aux exigences posées par l'idéal maçonnique. Tel qu'il est décrit par l'article 1 : la franc-maçonnerie, et par extension le franc-maçon et le maître, doit, dans la discrétion, loin des trompettes de la Renommée, afficher son goût pour « l'étude, la morale et la pratique de la solidarité, la recherche de la vérité ». De ce point, mon métier, qui est aussi ma vocation (je suis enseignant-chercheur en philosophie), m'autorise quotidiennement à m'offrir, aux yeux de mes étudiants en tout cas, comme quelqu'un cherchant au quotidien la vérité et comme une personne cherchant à

explorer les valeurs et les limites de toutes les morales. En d'autres mots dans mon activité quotidienne j'essaie à ma manière, modeste, mais ferme, d'améliorer le sort intellectuel de l'échantillon d'humanité qu'il m'est donné de former. Ce que semblent aimer mes étudiant(es) puisqu'un certain nombre a grossi les rangs du GODF. J'ai donc, à ma manière propre, fait aimer notre ordre et accompli mon devoir de maçon, devoir consistant non pas en une contrainte extérieure, où résidant en une obligation venue corseter ma volonté, mais en une obéissance à des lois et des valeurs que j'avais moi-même choisies.
Voilà pour la remarque qui appelle aussitôt une question. Dois-je pour autant me délivrer un satisfecit ? Certes, non. Un tel geste serait frivole et insensé. Je n'oublie pas deux choses a) le mot *gabar* noue des liens avec l'orgueil, b) ceci n'a pas été sans me jouer quelques tours ; ainsi, ayant parfois péché par excès d'idéalisation je n'ai pas toujours compris le déficit culturel de certains frères ; faillible à l'endroit des devoirs, je l'ai donc été assurément. Mais qu'importe : loin de constituer un handicap, cette prise de conscience de ma faillibilité n'a fait que renforcer mon désir de tailler ma pierre brute… D'où ma conclusion.

La prise de conscience de mon orgueil et de ma faillibilité m'a donné le désir farouche de lutter encore et toujours contre les mauvais compagnons qui « veillent » sur moi et sur les autres maîtres. Cette lutte contre mes passagers noirs est à mes yeux un devoir que m'a appris le travail en loge. D'où la planche qui suit.

Chapitre 3 : les mauvais compagnons sont-ils toujours parmi nous ?

Les mauvais compagnons sont-ils toujours en nous ? C'est la problématique de cette présente planche ; pour prendre en charge mon questionnement, je vais procéder usuellement en trois temps ; *primo*, je vais, après avoir rapporté la notion de mauvais compagnons à d'autres traditions, rappeler comment le franc-maçon prenait littéralement connaissance de l'existence des mauvais compagnons, terme que j'associerai au pôle nocturne (ou lac noir des névroses) de chaque un (frère ou profane). *Secundo* j'explorerai davantage ce pôle nocturne en auscultant les outils du meurtre d'Hiram ; enfin, je montrerai qu'Hiram correspond à la dimension lumineuse en nous et que la guerre entre ma dimension hiramique et mon pôle nocturne (mes mauvais compagnons) et toujours inachevé. Montrer que le cheminement maçonnique est un optimisme tragique placé sous les auspices de l'espérance est la tâche que je me donne.

Ambivalence de l'homme et première approche des mauvais compagnons

En hébreu, homme se dit *adam* ; le terme est composé de la lettre *aleph* qui fait signe vers le champ lexical de la lumière et du mot *dam* qui signifie sang et qui, par extension, renvoie au coup de sang, aux passions violentes, bref, à la dimension ténébreuse de notre être. Le sens de cette très brève enquête étymologique est clair : pour la tradition hébraïque, l'homme est situé irrémédiablement au carrefour, à la confluence de la lumière et des ténèbres. Nombreux sont les grands penseurs de toutes les spiritualités à s'être engouffré dans le sillon tracé par les prophètes d'Israël.

Pascal, par exemple, considère l'homme comme un « prodigieux chaos », soit comme un être doté d'une capacité d'élévation radicale (le célèbre cœur pascalien n'est rien d'autre qu'un instinct qui nous élève et que nous ne pouvons réprimer – fragment 633 des Pensées) contre dynamisé néanmoins par d'innombrables contre-valeurs. Pascal envisage donc l'homme, comme un être doté ontologiquement d'un pôle nocturne que la psychologie moderne appelle lac noir des névroses en lutte permanente avec un pôle solaire. Autre précision ; on remarque ici que la tradition coranique, elle aussi, pense l'homme comme un être du djihad, soit comme un combattant des ténèbres intérieures ; le *Djihad majeur* islamique, loin d'être un appel à la guerre sainte contre les infidèles chrétiens, athées ou juifs, est d'abord, signalons-le en ce lieu, un appel à lutter contre les forces mortifères qui nous habitent.

Eu égard à ce que nous venons de dire, la maçonnerie semblerait nouer des liens avec ces différentes traditions dans le sens où comme elles, l'humanisme professé par la franc-maçonnerie ne fait pas fi du pôle ténébreux des passagers noirs de l'homme qu'elle nomme pour sa part les mauvais compagnons. Présentons-les en nous appuyant sur le fascicule d'instruction pour le troisième grade symbolique que j'ai reçu après mon élévation à la maîtrise.

Alors qu'Hiram, le Maître respecté par sa douceur, ses vertus et son sens de l'équité, maintenait l'esprit des ouvriers au travail, trois d'entre eux, des compagnons, formèrent l'horrible projet d'arracher au Maître Hiram, « de gré ou de force », nous dit le rituel, le mot sacré des Maîtres afin de s'introduire dans la Chambre du Milieu. Ils arrêtèrent leur plan et décidèrent de parvenir à leurs fins par la menace. Quelle que soit l'issue, ils étaient résolus de lui donner la mort afin d'échapper à la juste sanction de leur criminelle audace. Ils choisirent d'agir, à la chute du jour, après le départ des ouvriers et alors que le Maître qui demeurait toujours le dernier, se trouverait seul. Le Temple avait trois portes. Les conspirateurs se placèrent à chacune de ses portes : le premier à la porte du Midi, le second à la porte d'Occident et le troisième à la porte d'Orient afin que si le Maître échappait à l'un il ne puisse échapper aux autres.

Ainsi postés, ils sommèrent tour à tour, Hiram, de leur livrer ses secrets. Le Maître répondit successivement à chacun d'eux, en fuyant d'une porte à l'autre, qu'ils n'obtiendraient pas sa parole par des menaces et qu'il fallait attendre le temps voulu. Alors ils le frappèrent, l'un d'un coup de règle sur la gorge, mais le coup dévia sur l'épaule droite, l'autre d'un coup de levier sur la nuque, mais le coup dévia sur l'épaule gauche, le troisième d'un coup de maillet sur le front qui l'acheva. « Ainsi périt l'homme juste, fidèle au devoir jusqu'à la mort », nous dit le rituel. Tirons les premières conséquences de ce récit.

On le dit à nouveau : les trois meurtriers étaient Compagnons. À ce titre, ils étaient subordonnés au Maître Hiram. Alors que l'édifice allait bientôt être achevé, un vent de révolte a donc soufflé dans l'esprit de certains ouvriers de la classe des compagnons qui, n'ayant pas obtenu d'être initiés aux secrets de la Maîtrise, se sont estimés injustement traités. Le poison de l'envie et de la jalousie s'est fait jour. Le désir présomptueux d'obtenir des salaires plus élevés, sans se donner la peine de les acquérir dans le temps, par l'étude et l'application, a donc pu croître dans l'amertume et le dégoût du travail. Aveuglés par leurs passions, ils se sont illusionnés sur l'étendue de leur instruction, persuadés que la Maîtrise leur était due.

En ce lieu de notre enquête, une précision s'impose : ce récit doit faire écho en nous. Rapporté au passé, il ne doit pas nous faire oublier que les mauvais compagnons (séparément ou ensemble) symbolisent bien des comportements que l'on croise dans le monde profane ou chez des initiés qui ont mal travaillé leur pierre et ne maîtrisent pas, de ce fait, leurs instincts, leurs envies, leurs ambitions, leur d'orgueil ou leur cupidité. Ces déficits les poussent, par l'action concertée, à usurper un bien dont « ils ne méritent pas d'être détenteurs ». Une enquête plus minutieuse sur la manière dont le meurtre a été commis va nous permettre de préciser l'éthos de l'anthropologie maçonnique, de mieux nommer les mauvais compagnons et de montrer que nous sommes toujours et encore concernés en tant que maîtres maçons (et dans notre humanitude) par ces mauvais compagnons que nous assimilions, pour notre part, au dam hébraïque ou encore au pôle chaotique pascalien et/ou au lac noir des névroses de la psychologie moderne. Bref, approfondir l'affirmation selon laquelle les mauvais compagnons constituent la dimension nocturne de *chaque un* est le but que je me fixe à présent.

Approfondissement de mon approche des mauvais compagnons

Réfléchir sur le choix des armes du meurtre va nous aider à mener à bien notre projet. Selon le rituel, le premier coup est porté par le moyen d'une règle et le « mauvais compagnon » vise la gorge. Hiram réussit à dévier le coup qui l'atteint à l'épaule droite. J'interprète l'attaque.

La règle, premier instrument du meurtre, est un des outils spécifiques des compagnons. On rappelle ici qu'elle donne la ligne et permet de mesurer. Cet instrument, qui représente la loi morale, dans l'obéissance librement consentie fait par ailleurs signe vers la droiture d'esprit. Frapper avec la règle signifie en conséquence avoir perdu le sens (signification et direction) de la conscience morale et engendre le désordre intérieur permettant tous les excès et toutes les démesures. La règle, ici utilisée à contresens par le compagnon, produit corollairement un acte démesuré, car délesté de conscience morale et droiture d'esprit. C'est donc l'ignorance obscurantiste, à savoir l'attitude oublieuse de la voie droite qui porte le premier coup à la gorge du Maître (on remarque ici que la gorge, lieu du passage du souffle et de la parole ne sera pas détruite, mais lésée, car Hiram déviera le coup sur son épaule droite...).

Mais passons au second coup porté au moyen du levier. Là le second « mauvais compagnon » vise la nuque. Hiram affaibli, réussit à dévier le coup qui l'atteint à l'épaule gauche. Quel sens donner à ces quelques lignes ? Un rappel de la symbolique du levier va s'avérer précieux pour répondre à la question. Le levier, outil spécifique du Compagnon sert à maîtriser et décupler la force. Symboliquement, il lui permet d'agir sur le monde extérieur afin de le transformer et de le maîtriser. Mais attention : le levier se doit d'être utilisé avec mesure. Non contrôlée par la règle, animée par la volonté d'usurpation, la force du levier peut devenir tyrannique et meurtrière et produire bien des fanatismes : c'est en conséquence, le fanatisme et le désir tyrannique qu'il produit qui porte le deuxième coup à la nuque du Maître.

Je passe à présent au meurtre lui-même. C'est en effet le troisième « mauvais compagnon » qui tue (au sens) littéral) Hiram. Comment ? D'un coup de maillet au front. L'ambivalence des outils trouve ici son point culminant : l'arme du crime est en effet le maillet du Vénérable ! Le maillet, symbole du pouvoir et de la volonté qui exécute, est l'instrument du commandement du sage et du juste. Toutefois utilisé seul, sans le contrôle de l'équerre et du compas porteurs des valeurs morales d'honnêteté, d'intégrité, de tolérance et de discernement, le maillet devient le symbole de l'impétuosité, de la libido dominatrice. L'outil de création devient outil de destruction et matrice de toutes les mauvaises ambitions. Et c'est bien l'ambition qui porte le coup fatal au front du Maître. Suite au coup de maillet,

Hiram s'écroule à terre, les pieds tournés vers l'Orient, la tête vers l'Occident, lieu du soleil couchant et de l'obscurité naissante et rend le dernier soupir. Bilan du récit : Les « mauvais compagnons » ont assassiné le Maître, n'ont pas obtenu ses secrets, mais en ont privé définitivement les futures générations de compagnons. Ce faisant, ils ont bafoué et souillé l'horizon de sens proposé par la franc-maçonnerie.

À l'inverse, en gardant inviolablement le silence et en mourant avec dignité, Hiram incarne la grandeur du devoir et l'horizon de sens de tout maître. Il incarne la grandeur et la lumière qui est en nous, bref, notre pôle diurne, alors que les mauvais compagnons font signe quant à eux vers notre dimension nocturne. Une précision s'impose toutefois ; la dialectique nocturne-diurne ne s'achève naturellement pas au terme de la cérémonie d'élévation, à la résurrection d'Hiram ; cette guerre intérieure propre à n'importe quel maître, il faut la souffrir toute sa vie ; je me justifie et précise ainsi l'idée selon laquelle les mauvais compagnons ne nous quittent jamais.

L'initiation maçonnique : une guerre toujours inachevée entre la dimension hiramique de *chaque un* et les mauvais compagnons.

Il ne faut en effet pas s'y tromper. Si par le fait de ressusciter (au sens étymologique et rigoureux, d'être remis sur pieds) la bataille entre nos mauvais compagnons et notre dimension hiramique est constante, permanente et toujours inachevée ; elle est consubstantielle en réalité avec notre marche dans et vers la lumière ; cela signifie qu'en réalité, mes mauvais compagnons et ceux des autres maîtres veillent et sont prêts à tout moment à tuer la dimension hiramique ou lumineuse (l'aleph) qui nous habite, nous pétrit nous dynamise et oriente et structure nos actes et nos représentations ; c'est donc bien à une sorte de djihad majeur que me convie mon interprétation de ma cérémonie d'élévation. C'est en abandonnant, en élaguant des pans de mon Ego, en n'ayant de cesse de tailler ma pierre brute que je vais peu à peu m'extraire de l'égologie et que je trouverais toujours et encore la force de relever mon maître intérieur que mon pôle nocturne veut sans cesse éclipser. Dans cette perspective, je dois sans cesse déclarer la guerre à mes passions intérieures qui chez moi comme chez les autres maîtres n'ont de cesse de se cacher pour mieux surgir, de surgir pour mieux frapper. Ce dernier point m'invite à ressaisir mon jeune itinéraire maçonnique.

L'Apprenti que j'ai été et que je suis toujours se coupait la gorge, pour montrer ainsi sa volonté de ne pas céder à parler sans réflexion, bref, pour être initié à la prudence verbale ; mais il ne prenait pas beaucoup de responsabilités dans la mesure où il s'exposait assez peu ; à la question « êtes-vous franc-maçon ? », je répondais par exemple « mes frères me reconnaissent comme tel » ; le Compagnon que j'ai été et que je suis toujours symbolisait par la main sur le cœur le détachement aux excès du sentiment susceptibles de perturber sa volonté. En outre, dans son auto présentation il se découvrait un peu plus ; à la question du tuilage, il répondait « j'ai vu l'étoile flamboyante ». Me présentant alors comme un voyageur des ténèbres vers la lumière, je reconnaissais toutefois que pour mener à bien mon projet j'avais besoin d'une guidance forte, celle de l'étoile flamboyante en l'occurrence. Le nouveau Maître que je deviens par la position de la main sur le ventre déclare la guerre aux passions vulgaires ; il entend par sa position dominer ses instincts les plus grégaires, et ce d'une manière ferme et résolue ; lorsque je dis : « Éprouvez-moi, l'acacia m'est connu », je montre ma capacité de décider de la direction à prendre seul ; cela ne signifie naturellement pas que je fasse fi des acquis des grades précédents ; cela veut simplement dire que j'entre symboliquement (l'acacia) en possession d'une détermination nouvelle susceptible de m'autoriser à vaincre mes faiblesses, à terrasser ou en tout cas à veiller sur mes mauvais compagnons. Puisque le mot acacia a été prononcé, une précision s'impose : lors de la cérémonie d'élévation, j'ai en effet été jugé digne par mes frères de connaître l'acacia qui signifie en grec *a-kakia*, à savoir privé (a privatif) de méchanceté, de désir de nuire, de vices (*kakia*) et des contre-valeurs portées par les mauvais compagnons, à savoir l'ignorance, le fanatisme et l'orgueil de la mauvaise ambition. Mais attention ; cela ne signifie naturellement pas que mes frères me jugent absolument innocent, mais simplement que je suis capable de cheminer toujours un peu plus vers un mode d'être un peu moins vicieux, bref, que je suis capable d'élévation, bref d'être relié à mon Hiram, mot dont l'une des traductions possibles en hébreu est élévation. Cela signifie en outre qu'ils m'ont jugé apte à entendre que le cheminement maçonnique, comme le cheminement existentiel, en règle générale, est dynamisé par la notion d'optimisme tragique. Je m'explique : les victoires sur les passions cohabiteront toujours, selon moi, avec des chutes des moments de solitude, de deuil et de tristesse que seule la volonté droite, mais aussi, l'amour fraternel m'aideront à mater. Le sens de ce qui précède est à mes yeux le suivant : la mort et la résurrection d'Hiram ne sont évidemment pas historiques ; elles figurent plutôt selon moi la dynamique qui attend tout chercheur cherchant (en maçonnerie ou ailleurs d'ailleurs). La mort, comme la résurrection, soit la sortie des entrailles de la Terre, n'est pas un événement définitivement passé, mais ce binôme est toujours à venir dans le cadre d'un cycle qui caractérise à mes yeux n'importe quelle recherche. Il faut donc toujours veiller, car la désintégration de l'être veille et nos mauvais compagnons restent tapis. Dit autrement, par le passage de l'horizontale à la verticale, je suis passé, le soir de mon élévation à la maîtrise, du plan terrestre à l'état de lien entre la terre et le ciel, mais je peux toujours revenir en terre ; cela signifie qu'à mes yeux le cheminement maçonnique n'est pas à ranger du côté des vieilleries métaphysiques des Lumières qui prônaient un optimisme béat et bêlant à l'endroit de l'homme et de ses capacités. Il nous invite plutôt à penser un optimisme tragique, c'est-à-dire à envisager une espérance qui ne fait pas fi de nos côtés obscurs ; toutefois il ne sert à rien de gémir sur cet état de fait, l'espérance qui m'habite est en effet plus grande que tous les désespoirs. Et ce pour une raison majeure : de même que notre Maître Hiram, qui représente ce qu'il y a de meilleur en chacun de nous, peut constamment être jeté à terre, de même en un instant, il peut ressusciter. Dit autrement la dialectique entre la vie et la mort se dépliant dans cette carrière temporelle qu'on appelle l'existence est toujours et encore inachevée ; d'où ma conclusion

La vision de l'homme maçonnique relève plus à mes yeux d'une anthropologie de l'ambivalence que d'une anthropologie de l'authenticité. Sur ce point Hans Jonas nous éclaire : « vouloir abolir l'ambivalence revient à vouloir abolir l'homme [...] [grâce au mystère insondable de sa liberté] il sera toujours nouveau et différent de ce qu'il était, mais jamais plus "authentique" »[43] (si par authentique nous entendons l'homme débarrassé définitivement de ses « contrariétés » pour parler comme Pascal ou de son « dam » et/ou de ses mauvais compagnons). « Chaque satisfaction engendrera son insatisfaction, chaque liberté sa tentation, chaque patience son impatience », poursuit-il d'ailleurs. Traduction : on a beau tailler encore et toujours sa pierre brute, ses aspérités n'ont de cesse de réapparaître sous des

[43] Hans Jonas, *Le principe responsabilité*, ed. du Cerf, Paris, 1990, p. 293.

modes inattendus et imprévisibles ; qu'à cela ne tienne : le vouloir-vivre qui nous habite et qui cherche en permanence des raisons de vivre a les ressources pour toujours et encore nous jeter sur la voie droite de la vie bonne pour soi, avec les autres et dans des institutions justes…

Encadré : Les facteurs susceptibles de favoriser une entropie maçonnique

Littéralement, l'entropie est une notion de thermodynamique dont la vocation est de mesurer la perte d'énergie, l'arrivée du chaos au sein d'une assemblée de particules[44]. On comprend alors que figurativement l'entropie fait signe vers le champ lexical de la dé-reliance, de la division, du clos ; notions renvoyant toutes aux motifs de désintégration d'une société humaine. Fort de cette définition, la problématique de notre travail va s'énoncer comme suit : quels sont les facteurs susceptibles de faire surgir une contre-dynamique entropique au sein de la franc-maçonnerie ? Pour prendre en charge l'interrogation, procédons en trois temps : a) auscultons d'abord le lien qui unit l'entropie à l'absence de diversité spirituelle ; b) zoomons ensuite sur l'absence de mixité ; c) scrutons enfin quelques autres facteurs en capacité de générer au sein de notre vénérable institution.

---

[44] Voir Jacques Monod, *Le Hasard et la Nécessité : Essai sur la philosophie naturelle de la biologie moderne*, Paris, Éditions du Seuil, coll. « Points Essais », 1970.

Entropie et absence de diversité spirituelle

La dimension spirituelle de l'homme c'est son cœur, à savoir la capacité de dépassement caractéristique de l'humanitude ; c'est grâce à cette capacité que l'homme fait culture, interroge, pour le pire et le meilleur, crée de l'histoire, bref se démarque de l'animalité. Dès lors, une remarque s'impose : si la spiritualité horizontale est largement présente en loge, la spiritualité autre, différente, est, elle, quasiment nullement ; ce point est décisif. En effet, l'altérité est source de richesse ; c'est par l'altérité qu'on élabore l'intelligence de sa singularité.

Ainsi pour exemple, un athée entrera mieux dans l'intelligence de sa vision du monde s'il comprend, connaît, ce qui fait vivre quelqu'un qui croit au ciel ; la réciproque est également vraie ; ce constat, la franc-maçonnerie semble l'accréditer puisque comme l'indique l'esprit d'une phrase écrite en lettres majuscules dans le hall de la rue Cadet, l'éthos de la différence est d'être enrichissante.

Une phrase extraite des Constitutions irait également en ce sens (« il ne s'agit ni d'être un libertin ignorant, ni un athée stupide »). Toutefois on peut se demander si cette phrase écrite en lettres de feu n'est pas condamnée, dans le fonctionnement actuel de la franc-maçonnerie, à rester lettre morte ; et ce pour une raison majeure : combien y a-t-il de visions spirituelles du monde en loge ? Y a-t-il de nombreux taoïstes, confucianistes, soufis, bouddhistes, augustiniens, talmudistes ?

En rigueur de termes, il convient de répondre par la négative ; cela signifie en réalité que la diversité spirituelle est en fait assez peu représentée ; le franc-maçon moyen étant un homme blanc, quinquagénaire, plutôt indifférent ou hostile aux questions religieuses, il n'ouvre ainsi pas les fenêtres sur ce qui fait vivre des milliards d'hommes aujourd'hui ; la croyance en l'universalité de la franc-maçonnerie ne prend-elle pas un coup ? Mais il y a davantage.

Entropie et absence de mixité

L'homme blanc quinquagénaire se ferme aussi pour le moment les fenêtres sur la figure majeure de l'altérité ; la féminité. Au nom de quoi ? Au nom d'un argument d'autorité : ç'a été toujours comme cela, donc cela doit rester ainsi ; tout au long de l'histoire (voir l'histoire de l'Église) ce type d'argument a volé en éclats ; plutôt que de courir le risque de s'engluer dans le même, d'être confit dans la fusion incestueuse avec ce qui nous ressemble, ne devrait-on pas, au nom de notre relation à la différence, goûter aux saveurs de l'enrichissement par la différence féminine ? Comment peut-on être universel en tournant le dos à la moitié de l'humanité dont ni la rationalité ni la sensibilité ne sont identiques aux nôtres ? Le risque est minime puisque, y compris au sein du GODF, des loges mixtes existent déjà.

Une précision s'impose toutefois ; il ne s'agit pas d'accepter les femmes pour accepter les femmes ; il s'agit de comprendre pourquoi on pose un tel geste. Ainsi pourrait-on proposer via les questions à l'étude des loges de travailler sur le couple féminité/altérité ? Cela forcerait les frères à entrer argumentativement dans l'intelligence de leurs positions. Sur ce point, l'œuvre du philosophe Emmanuel Levinas serait sans doute un outil fort précieux (voir aussi sur ce point l'œuvre du rabbin et philosophe Marc-Alain Ouaknin). L'absence de diversité spirituelle, comme l'absence de mixité, ne constituent pas les seuls éléments susceptibles de faire surgir une dynamique entropique au sein de la franc-maçonnerie ; en témoignent les lignes qui suivent.

Les autres facteurs

Nous nous proposons ici de lister quelques chantiers.

L'absence de diversité politique : l'homme blanc et quinquagénaire figurant le franc-maçon contemporain est plutôt d'une sensibilité de gauche, gentiment progressiste ; les courants de l'ultra-gauche, (anarchistes par exemple), comme ceux de la droite humaniste sont quasiment absents ; est-ce une preuve d'ouverture ?

L'absence de culture philosophique en loge bleue ; l'article 1er des constitutions précise : la franc-maçonnerie est initiatique, philanthropique et philosophique ; est-ce une réalité dans les loges ? Les frères sont-ils suffisamment formés à l'art de penser si décisif dans la pratique interprétative des symboles ? Une formation offerte aux apprentis, compagnons et maîtres, pourrait, et dynamiser les débats, et enrichir les tenues qui, parfois, ont le son du café du commerce ?

L'absence de veille sur nos mauvais compagnons ; l'impatience, l'hypocrisie et l'orgueil sont souvent tapis dans notre intériorité ; il appartient à chaque frère de toujours et encore être vigilant en ces matières. Car au fond c'est bien souvent la part nocturne de l'homme qui est à l'origine de la néantisation d'un projet.

In fine, je pense que la franc-maçonnerie a les moyens d'entraver la contre-dynamique entropique. Comment ? En interrogeant ses fondements. Le veut-elle vraiment ? Je l'espère.

LIVRE IV

Chapitre 1 : romantisme noir et tribu gothique

Le romantisme noir[45] et la mouvance gothique, c'est le thème de ma planche dont voici la problématique : en quoi le romantisme noir de la mouvance culturelle gothique nous invite-t-il à nous rapporter singulièrement à la couleur noire ? Pour répondre à la question, je vais travailler en trois moments : d'abord je définirai globalement le romantisme noir et présenterai la tribu gothique qui n'est pas ce peuple venu de Scandinavie établi d'abord sur la basse Vistule, ni même une assemblée d'admirateurs du style architectural né au 12e siècle, mais une tribu musicale née en Angleterre à la fin des années 70 ; ensuite je ferai apparaître la dimension blanche ou positive du noir gothique avant de montrer dans un troisième et ultime moment que ce noir nous jette dans la sphère du blanc. Montrer que l'être au monde gothique nous invite, comme le grade de Maître Secret, à réfléchir sur la notion d'optimisme tragique, est la tâche ultime que je m'assigne.

---

[45] A ce stade du cheminement, le frère est en deuil puisque le maître Hiram a été assassiné ; d'où le noir qui est une couleur très importante du tablier de maître secret et qui est la couleur de ses gants. A ce grade encore il ne faut pas confonde la démarche initiatique maçonnique avec du développement personnel ; voilà pourquoi il est impératif de se pencher sur la marche du monde car, je le répète, le monde a toujours et encore besoin d'un plus de justice et d'un plus de fraternité. Aussi ai-je abordé la couleur du grade à partir d'un autre phénomène culturel : le romantisme noir de la tribu gothique (*cf.* note sur le sacré).

Le romantisme noir

L'expression est à mettre à l'actif du critique Mario Praz dans un texte de 1930 intitulé *The Romantic Agony* (1930). Le romantisme noir désigne d'abord les obscurs du mouvement romantique (ceux qui ne sont ni Hugo, ni Musset, ni Lamartine…). Parmi ces jeunes gens, citons par exemple Philotée O'Neddy (qui se surnommait lui-même le mort-vivant), ou Xavier Forneret (qu'on appelait l'homme noir). Leur obscurité est d'abord celle de leur infortune littéraire et de la précarité de leur statut d'écrivains méconnus ou méprisés. Mais du comportement à la conviction, il n'y a qu'un pas et, par là, le romantisme de l'ombre rejoint le romantisme obscur, c'est-à-dire un romantisme saisi explicitement par le goût de l'occultisme, voire de la nécromancie. Le romantisme noir c'est, dans le roman, le triomphe de la mort, des sorcières, des cimetières, de l'étrange du fantastique, des vampires. Il passe donc au tamis de la ténèbre les thèmes traditionnels du romantique (mal de vivre, inquiétude, épanchement lyrique, goût de l'ailleurs, réhabilitation de la sensibilité, pour ne citer que les principaux) les penseurs illuministes du XVIIIe siècle, le Suédois Swedenborg (1688-1772), les Germaniques comme Novalis et surtout le conteur Hoffmann font partie de cette mouvance (1776-1822). Là une remarque s'impose : les grands du mouvement romantique furent loin de rester à l'écart de cette mode « noire ». Il est patent que certains écrits de Gautier (*La morte amoureuse*) ou certains romans d'Hugo (*Notre-Dame de Paris*) appartiennent à ce genre. Nodier, Nerval Lord Byron ou Mary Shelley moins connue que son chef-d'œuvre *Frankenstein*, devenu un classique de la littérature anglaise, dans un genre appelé d'ailleurs le roman gothique, le comte de Lautréamont avec ses « *Chants de Maldoror* sont également des figures de proue » du romantisme noir. Maldoror est d'ailleurs le nom d'une célèbre boutique de vêtements genevoise qui fut longtemps un lieu culte pour la mouvance gothique contemporaine que je présente.

Approche globale de la mouvance gothique.

Eu égard aux préoccupations qui sont les nôtres, je commencerai par dire ceci : en régime gothique la passion pour la couleur noire est fondamentale ; on la retrouve dans la tenue, dans le maquillage, mais aussi dans la décoration ; en matière de dégaine Amélie Nothomb ou Lisbeth Salander, l'héroïne de la saga *Millenium*, constituent des figures majeures de la mouvance. Pour ma part, invité à plusieurs reprises chez des membres de la tribu, j'ai trouvé à chaque fois les mêmes ambiances intérieures : meubles noirs, tentures aux velours noirs aux murs, bibelots noirs, crâne… ; pour mieux comprendre cette attraction, il convient de remonter aux origines du mouvement avant de faire surgir son actualité. Née en Angleterre (fin des années soixante-dix) la mouvance gothique dont les acteurs majeurs actuels sont des jeunes urbains âgés de 15 à 25 ans,[46] est incontestablement une expression contemporaine du romantisme noir[47].

---

[46] Je parle ici de l'âge d'adhésion et non pas de l'âge moyen des membres de la mouvance. Pour une excellente introduction à une lecture sociologique de la mouvance. *Cf.* Antoine Durafour, *le milieu Gothique, sa construction sociale à travers la dimension esthétique, Paris,* ed Manuscrit Université, 2005, Le *Dictionnaire gothic* de Patrick Eudeline et Gabriel Gay, Paris, ed. Scali, 2007, ou encore Lars Kophal, *Gothic romandie*, ed. L'âge d'homme, Lausanne, 2017.

[47] Je n'entends pas ici, ce serait frivole et insensé, entrer dans la complexité et la richesse de cette mouvance culturelle ; je ne la présente que

Plusieurs éléments plaident en ce sens. L'hymne fondateur du mouvement (*Bela Lugosi's Dead*, composé en 1979 par le groupe Bauhaus) était un hommage rendu à Bela Lugosi, un acteur austro- hongrois dont la particularité est d'avoir incarné à l'écran le comte Dracula dans un film de Tod Browning en 1931, milite dans le sens de notre affirmation. Voici quelques paroles de la chanson : « les chauves-souris ont quitté les clochers / le velours rouge borde les cercueils / Bela Lugosi est mort / Seul dans une chambre noire / Bela Lugosi est mort / immortel, immortel, immortel ». La mort est également présente dans le nom des premiers groupes musicaux gothiques ; l'un des plus célèbres était appelé *Siouxsie and the Banshees*, or les *banshees* sont les fées du folklore gaélique qui annoncent la mort. D'une manière générale on dira alors que la mouvance gothique revendique un esprit sombre et mélancolique ainsi qu'une esthétique générale de la décadence qui lui fait aimer tout ce qui relève de la nuit, du morbide ; là encore une remarque s'impose : la culture gothique n'est pas uniquement musicale. Aujourd'hui elle se déploie tous azimuts. En effet, le graphisme contemporain, l'art numérique, le cinéma, la mode sont des sphères très influencées par la mouvance. Si on consulte les publications se revendiquant de ladite mouvance on sera étonné par la grande érudition dont font preuve les rédacteurs ; ils n'ont de cesse de revendiquer de grands ancêtres d'abord et d'annexer des artistes d'aujourd'hui ensuite ; pour les ancêtres on évoquera les auteurs cités précédemment et les peintres préraphaélites et pour

---

dans ses linéaments ; les puristes la trouveront en conséquence un peu courte ; pour entrer davantage dans l'intelligence philosophique de la tribu. *Cf.* Jean-Louis Bischoff, *Tribus musicales, fait religieux et spiritualité (enquête sur les mouvances rock, punk, skinhead, gothique, hardcore, techno, hip hop)*, Paris, L'Harmattan, 2007.

l'aujourd'hui on se contentera de citer Giger, plasticien suisse créateur d'Alien, un photographe des bizarreries de la nature (Joel Peter Witkin)[48]. Alors bien sûr en ce lieu de l'enquête on pourrait dire qu'associer le noir gothique à la mort et à la mélancolie fait diablement sens ; mais est-il possible d'en rester là ? Tel n'est pas mon avis : il y a, ma sœur Joëlle, un au-delà du noir, j'ai presque envie de dire un ultra noir, chez ceux qu'on appelle et qui s'appellent eux-mêmes les corbeaux ; c'est d'ailleurs un arrêt sur la symbolique du corbeau qui va initier mon herméneutique du noir gothique.

L'ambivalence du noir

Si, chez les gothiques, le noir renvoie bien au maléfique, il ne faut pas non plus occulter la charge positive de la couleur. Deux découvertes ont suscité en moi le désir de chercher un au-delà du noir morbide : primo les gothiques sont surnommés et se surnomment eux-mêmes les corbeaux ; or ceci n'est pas anecdotique : en effet le corbeau sent le soufre. Et ce depuis l'épisode de l'arche de Noé. Au lieu de ramener des informations que Noé lui demandait, le corbeau s'est contenté de manger des cadavres et n'est

---

[48] Pour une approche érudite de l'actualité de la culture gothique, cf. *Persistances gothiques dans la littérature et les arts de l'image*, Colloque de Cerisy, 2008, Lauric Guillaud et Gilles Menagaldo, ed. Bragelonne, 2015. Sur un registre beaucoup plus introductif voir « mouvement gothique » wikiwand.com ; ce site a le mérite de présenter de manière simple mais assez complète la force d'imposition culturelle de la mouvance. Consulté le 6 janvier 2021. Précision ultime : je circonscris ma recherche sur la mouvance gothique à la tribu musicale éponyme ; cela signifie que je ne m'intéresse pas à l'imaginaire gothique en général même si cette enquête est très intéressante (*cf.* Lauric Guillaud).

jamais revenu sur le bateau ; mais les recherches de la science moderne ont complètement réhabilité cet oiseau ; elle montre que le corbeau est avec la corneille le plus intelligent des oiseaux ; Pastoureau l'évoque très bien dans son ouvrage sur le noir. Secundo, dans mes recherches pour cette planche j'ai appris que noir en arabe égyptien signifiait noir et élévation ; le noir était alors explicitement associé dans cette langue à l'élévation ; je me suis demandé si la symbolique occidentale autorisait une telle association ; aujourd'hui je peux dire que oui. En effet, en Marc (1-35)[49] on lit que c'est dans la nuit noire que Jésus priait solitairement son Père ; ai-je besoin d'ajouter qu'une telle découverte m'a autorisé à penser que nuit noire, élévation et mystère pouvaient alors même en Occident faire bon ménage ; on se rappelle sur ce point que pour Jean de la Croix la nuit obscure était une nuit heureuse et que Denis l'Aréopagite évoque le mystère de la divine ténèbre.

Or qui dit mystère dit quête, recherche à parfaire toujours et encore ; quel peut donc être le mystère qui dynamise le mode d'être au monde gothique ? Georges Gusdorff m'a fourni une piste. Selon lui,

Pour l'homme romantique, il convient d'abord de se confronter aux épreuves les plus sombres pour pouvoir palper la lumière. Il y a donc, dans un premier temps, obligation de traverser le champ des expériences limites, la plus extrême d'entre toutes restant peut-être celle qui consiste à frôler la mort, car, comme la naissance ouvre les yeux du monde sur le monde extérieur, la mort les ouvre sur le [mystère du] monde intérieur.[50]

---

[49] Traduction œcuménique de la Bible, livre de poche

[50] « Romantisme en littérature », *in Memo Larousse,* 1990

Là le noir peut apparaître comme une forme particulière de la fertilité dans le sens où il témoignerait de l'épreuve effective et affective de l'éclosion du champ intérieur. Ce que confirme Mathilde une jeune gothique interrogée : « en m'habillant de manière morbide (en noir) j'ai eu le sentiment d'exprimer ma vision intérieure ».[51] Embrassée à l'adolescence, la mouvance gothique peut donc apparaître comme un geste consistant à exorciser ses angoisses, à apprivoiser l'idée de la mort plutôt que de la fuir. Jouer avec le noir donne au gothique le moyen de maîtriser en partie le phénomène dont il subit l'assaut. D'où mon hypothèse de lecture : s'il se réfère bien au noir de la mélancolie du même nom, s'il fait bien signe vers une prise de conscience de la finitude ou vers le deuil de l'enfance, le noir gothique renvoie plus radicalement encore à l'expérience continuée et difficile de renaissance à soi-même qui suppose des deuils. Une chose est sûre : le noir gothique est loin d'être réductible au membre de cette tribu ; il me donne à penser le mystère de l'être homme d'abord, et au cheminement maçonnique ensuite. [52]

---

[51] Un article de *Science et Avenir* du 31/08/2015 indique que les adolescents gothiques ont trois fois plus de chances de sombrer dans la dépression que les autres « les adolescents gothiques seraient trois plus déprimés que les autres» in scienceetavenir.fr ; à l'inverse le lien entre satanisme et gothisme n'a jamais été démontré ; je parle ici de la mouvance gothique et non pas de certains genres musicaux auxquels elle est malhabilement associée ou confondue (*death metal*, entre autres exemples ; sur ce point, dès 2006, des chercheurs comme Alexis Mombelet ou Nicolas Walzer étaient aussi fermes que sérieux dans leurs études (*cf.* www.ceaq-sorbonne.org, 5 mai 2016).

[52] *Cf.* Lauric Guillaud, *Le sacre du noir, imaginaire gothique, imaginaire maçonnique*, préface de Jacques Ravenne, ed. du Cosmogone, 2019. L'herméneutique du noir gothique que je propose est différente de celle de l'auteur ; d'où cette suggestion de lecture car l'ouvrage de L. Guillaud est aussi fin que dense et intense.

À travers la prise de conscience du cycle deuil/renaissance, qui est à rapporter à l'idée selon laquelle la nuit contient la promesse de l'aurore, et à celle selon laquelle l'homme pour advenir doit néantiser ce qu'il est déjà, le noir gothique est donc autant espérance de régénérescence, de revitalisation que deuil ou mélancolie, promesse d'un moi toujours *à-venir* et deuil d'un moi toujours à dépasser. En réalité, la culture goth nous rappelle quelque chose de simple et d'essentiel : le deuil est une perte nous jetant dans la tristesse certes, mais il peut reconfigurer le champ de nos possibles, soit nous aider à mieux entrer dans l'intelligibilité de notre chemin de vie. En réalité il me semble que le noir gothique peut-être lu, sans que cela soit forcément porté à la conscience des goths, comme une manière spécifique de se rapporter au « meurs et deviens » initiatique qui est plus un cycle toujours renouvelé qu'un fait se produisant une fois pour toutes. *In fine,* le noir gothique nous invite à réfléchir sur la notion d'optimisme tragique qui pourrait caractériser notre grade ; en ce lieu si le tragique du deuil existe, il n'a pas le dernier mot ; autrement le degré ne nous inviterait à cheminer sur la longue route du devoir, ne nous inviterait pas à l'action et n'aurait pas comme symbole le laurier, emblème de la victoire sur soi-même et l'olivier emblème de la fécondité de la paix qui suit cette victoire. Dit autrement, le noir gothique apparaît en conséquence comme un moyen de se rapporter à la fêlure ultime (la finitude) et comme une manière de passer par la tristesse qu'elle génère pour mieux la dépasser. Ce qui milite dans le sens de notre lecture est que celle qui est considérée comme l'une des grandes prêtresses de la mouvance est toujours de blanc vêtu. Je parle de la chanteuse d'un groupe appelé *Dead Can Dance.*

Dead Can Dance et le blanc

Les personnalités de Liza Gérard et de Brendan Perry, les deux musiciens à l'origine de la formation, font écho à la sensibilité gothique. Et pas uniquement à cause du nom de la formation ; je me justifie.

La première vit et travaille dans l'isolement, loin de mari et enfant, dans une cabane perchée dans les montagnes d'Australie et prétend tirer son chant et ses musiques d'une communion intime avec les éléments naturels. Brendan Perry, lui, vit en Irlande en pleine nature, dans une église désaffectée, et ils se retrouvent pour élaborer avec rigueur et précision leurs musiques. Comme certains héros romantiques, les deux membres de *Dead Can Dance* trouvent refuge dans la nature. Autre particularité de ce groupe : Liza Gerard se produit dans une grande robe blanche devant un pupitre dans une lumière tamisée. Que peut alors signifier le port de la robe blanche associé à la lumière ? Sans vouloir être exhaustif, et en tenant compte de la dimension romantique de Liza Gerard, disons d'abord, avec Kandinsky que le blanc peut être lié à la terre, donc à la nature si chère a Dead Can Dance : « le blanc sur notre âme agit comme le silence absolu [...] Ce silence n'est pas mort, il regorge de possibilités vivantes [...] C'est un rien plein de joie, un rien avant toute naissance [...] Ainsi peut-être a résonné la terre, blanche et froide, aux jours de l'époque glaciaire ».[53]

Mais il y a davantage : depuis la plus haute Antiquité, le blanc est la couleur des divinités et du sacerdoce. En Grèce, où Pythagore prescrivait le port de robes blanches pour chanter les hymnes sacrés, les prêtres de Zeus étaient vêtus de blanc. À Rome, le premier jour de janvier, le

---

[53] Jean Chevalier, Alain Gheerbrant, « Du spirituel dans l'art » *in Dictionnaire des symboles*, Paris, Laffont, 1989, p 125

consul vêtu d'une robe blanche se rendait sur un cheval blanc au Capitole pour célébrer la victoire de Jupiter ou le Père Jour, dieu de la lumière sur les forces des ténèbres : le blanc noue donc avec le religieux païen des relations évidentes. Qualifier Liza Gérard de grande prêtresse du mouvement gothique fait corollairement en partie sens. Et ce d'autant que le blanc est associé à la sagesse, au spirituel et au savoir.

En anglais, le mot *white* (blanc), a en effet la même racine que *wit* (esprit), *wity* (spirituel) et *wisdom* (sagesse) et en allemand *Weiss* signifie blanc, *wissen* savoir et *ich weiss*, je sais. Associée aux lumières de la sagesse, la spiritualité, et à celles des lumières du savoir le blanc l'est donc assurément, et ce pour une raison majeure : la lumière et le blanc ont une étymologie commune. Odon Vallet explique : « La racine indo-européenne *leuk* est à l'origine du latin *lux* d'où est issu le mot français "lumière". Or, la racine *leuk* se retrouve aussi dans le grec *leukos* (blanc couleur lumineuse) ».[54] Ce commun étymologique explique peut-être le lien insécable entre le blanc, la sagesse et la lumière. Une chose est certaine. L'usage girardien du blanc et de la lumière nous conduit donc à formuler la conclusion suivante : en convoquant une telle symbolique, le groupe pourrait dire à son public à peu près ceci : notre intériorité est, certes, comme la vôtre en crise, enténébrée. La pratique de la poésie, entendue au sens de création musicale peut, cependant, nous, désenténébrer.

Voilà le temps de la conclusion venu, alors que dire ? Ceci : les corbeaux urbains que sont les goths ne se contentent pas de gémir ; ils savent aussi espérer. Chez eux, le noir et le blanc sont moins dans un rapport d'opposition que dans une relation de complémentarité ; le blanc éclaire le

---

[54] *Petit lexique des mots essentiels*, Paris, Albin Michel, 2001, p. 144.

noir et réciproquement ; s'il y a opposition, c'est au sein des couleurs elles-mêmes, le noir fait en effet signe vers le deuil et la fertilité et le blanc vers le visage pâle du vampire comme vers la sagesse et la lumière ; cette approche du noir et du blanc m'a invité à lire à une autre lumière l'initiation, l'élévation à la maîtrise et celle au grade de Maître Secret. Ces étapes peuvent à mon avis nous donner à penser la notion d'optimisme tragique, savoir l'idée selon laquelle avoir à être, c'est avoir à néantiser.

Chapitre 2 : obéissance et fidélité

« Que vous a-t-on appris ? À être obéissant et fidèle ». Il y a ici, dans la réponse, une condition d'allégeance. « Que devient alors la liberté de conscience pour un Maître Secret (abrégé MS) ? » C'est la question que l'on m'a posée et que je prends en charge ce soir ; comment ? En trois temps : d'abord je vais m'efforcer de faire surgir la pertinence de la question ; ensuite j'esquisserai une réponse en distinguant la soumission de l'allégeance, seule garante à mes yeux du respect de la liberté de conscience ; et enfin je ferai apparaître les limites de la notion de devoir telle qu'elle m'apparaît dans l'actuel état de mon cheminement maçonnique ; associer la liberté de conscience à l'élan amoureux, tout en restant fidèle à la notion de devoir, est au final la tâche que je m'assigne.

Sur la pertinence de la question

« Quelle est la caractéristique du 4e degré ? La recherche du devoir et la ferme volonté de l'accomplir, quel qu'il soit, sans songer à une seule récompense, pour la seule satisfaction de la conscience » ; ai-je entendu lors de l'instruction rituellique au 4e degré. Le sens de ce propos m'est apparu de la manière qui suit : la fidélité au devoir devient dès lors l'éthos du 4e grade. « Prenez l'obligation de garder fidèlement les secrets et de remplir les devoirs du 4e degré », surenchérit d'ailleurs le Trois Fois Puissant lors de l'initiation. Si l'on admet avec Kant, dont la présence est plus que manifeste dans le rituel du 4e – en témoignent les innombrables occurrences du mot devoir –, qu'« être libre, c'est obéir aux lois qu'on s'est soi-même prescrites », la question n'en serait pas une ; on serait libre en obéissant aux engagements qu'on a pris lors de notre initiation au grade de MS. D'une manière un peu plus précise, on dirait qu'être libre consisterait à obéir à soi-même, dans le cadre d'obligations rencontrées lors de l'initiation au grade de MS ; j'en cite quelques-unes : « Vous ne vous forgerez point d'idoles humaines pour agir aveuglément sous leur impulsion, mais vous déciderez par vous-mêmes de vos opinions et de vos actions. », « Vous ne prendrez pas les mots pour des idées et vous vous efforcerez toujours de découvrir l'idée sous le symbole. », « Vous n'accepterez aucune idée que vous ne compreniez et ne jugiez vraie. »

En ce lieu, je répète qu'ainsi appréhendée, la question du lien entre obéissance et fidélité ne se poserait pas. La fidélité du latin *fides* (confiance) consisterait alors à obéir à la dynamique qui nous a jeté dans le désir d'être initié au 4e degré et partant d'en honorer les exigences. Et pourtant elle se pose avec force ; en témoigne ce propos du Trois Fois Puissant Maître entendu le soir de l'initiation : « La route du Devoir mène sûrement à la Vérité. Mais cette route est longue et difficile et, parce qu'il tente de l'abréger en prenant des raccourcis, l'homme s'égare dans le labyrinthe de l'erreur ». Le sens de ce dernier propos est que l'obéissance au devoir n'est pas un long fleuve tranquille et encore moins une série de recettes à appliquer mécaniquement en tous lieux et en tout temps ; dit autrement, accomplir son devoir à l'endroit de sa famille, de son pays, de sa Loge, de ses Frères, de ses amis est-il un acte simple ? Répondre oui serait en fait du simplisme et on sait que pour passer du simplisme au simple, il fait faire le détour par la complexité ; il faut se rappeler que si être libre, c'est obéir à soi-même, bref, obéir aux lois qu'on s'est soi-même prescrites, le soi-même n'est pas entièrement diurne ; chaque soi possède un lac noir des névroses, dans lequel chacun peut se noyer, quel que soit son niveau intellectuel ou spirituel ; en d'autres mot, obéir au soi peut signifier également être soumis à ses instincts les plus bas ce qui en franc-maçonnerie reviendrait à vouloir dominer l'autre par le grade, la connaissance, l'ancienneté ; bref, à faire une apologie des métaux ; il me semble d'ailleurs que le devoir, à partir du 4e, vise plus que jamais à traquer l'obscurantisme en nous, les mauvais compagnons, les assassins du Maître Hiram. Mais qui sont ces assassins si ce ne sont les sables mouvants de notre lac noir des névroses, bref les mauvais compagnons qui, rappelons-le, ont perverti de manière maximaliste le maniement des outils. Dans cette perspective, les voyages de l'initiation au 4e degré nous proposent et un objectif et les moyens d'y parvenir : l'objectif fixé par Salomon est que malgré la mort du maître, la construction du temps doit continuer, bref que la construction de sa relation à soi-même aux autres et au monde est loin d'être achevée ; et les moyens d'y parvenir sont une culture de la connaissance, de la justice, de la rationalité et de la mesure ; le devoir apparaît donc ici comme l'obéissance à notre dimension hiramique ou lumineuse, cet aiguillon de notre liberté de conscience que l'enseignement au grade de MS veut actionner, faire saillir ou encore optimiser. Partant, le devoir apparaît aussi en creux comme une mise en garde contre une soumission à nos mauvais compagnons, soumission qui comme toutes les soumissions est à mes yeux une perversion de l'allégeance. Je me justifie.

La distinction soumission/allégeance

Se soumettre, c'est capituler, céder devant et constater notre impuissance. La soumission s'exerce en général contre la volonté du soumis, sauf dans certains cas particuliers de manipulation mentale. Il n'existe donc pas à mes yeux de soumission librement consentie ; dans la sujétion synonyme pour moi de soumission, je me déleste de l'état de sujet pour devenir primordialement l'objet de la volonté d'un autre (sans entrer ici dans la complexité des notions de l'inconscient, je dirai simplement que l'autre peut être en moi ou en dehors de moi). Toute autre est l'allégeance. Bien sûr, on pourrait dire que l'allégeance, comme la soumission, suppose et implique une disposition d'obéissance ; et on aurait raison, mais la nature et les enjeux de ladite obéissance distinguent à mon avis la soumission de l'allégeance. La soumission renvoie primordialement, étymologiquement, à l'idée d'abaissement ; l'allégeance me semble nouer, quant à elle, des liens insécables avec la catégorie de lien. Entrer dans l'intelligence de la différence m'a donc paru nécessaire : celle-ci peut devenir un acte librement consenti. Selon moi l'allégeance relève de la libre adhésion, car dans l'allégeance, contrairement à la soumission, j'ai toujours la possibilité de me retirer, de mettre fin à l'allégeance. Ce qui n'est pas le cas dans le cas de la soumission. Mais il y a davantage encore : la soumission relève de l'autoritarisme alors que l'allégeance donne à penser l'autorité ; le terme vient d'*augere* (augmenter) qui a donné également naissance au mot *auctor*, auteur. Par l'autorité de quelqu'un, un prof, un auteur, j'ai la conviction que je peux grandir, que je peux m'ennoblir et que, partant, je peux devenir, grâce à l'autre, un peu mieux moi-même. Dès lors, faire allégeance signifie accepter que l'altérité participe primordialement de la construction de ma singularité, bref, que la lumière de l'autre éclaire puissamment mes ténèbres intérieures. Je ne résiste pas ici à prendre un exemple : en hébreu faire *mikra* signifie que, parfois, quand on lit un livre, c'est en réalité le livre qui nous lit ; en deux lignes, le type formule un chaos intérieur que nous traînions depuis 20 ans. Faire allégeance à l'auteur du livre revient dès lors à reconnaître qu'une intelligence et une humanité puissante, au travail dans ce texte, m'ont jeté sur la voie de mes inspirations intimes, bref, sur la voie de ma vocation ; faire allégeance à la franc-maçonnerie, au règlement intérieur de la Loge, aux Frères, ne signifie donc pas s'y soumettre aveuglément, mais revient à parier sur la dimension hiramique de chacun des Frères, parier sur la lumière de la tradition maçonnique tout en espérant que ces puissants silex sauront avec efficacité se frotter au mien.

Cette allégeance à l'autorité est naturellement inséparable d'un droit voire d'un devoir de transgression ; il est clair que si la franc-maçonnerie, un Frère ou l'obédience s'offrait comme un carcan venu du dehors corseter ma volonté libre, alors c'est sans regret aucun, qu'obéissant à ma liberté de conscience, j'irai à l'encontre de telle ou telle consigne, ou injonction présentée comme un conseil ; de la même manière, les décisions collectives de l'institution ne sont pas forcément les miennes, mais considérant qu'aucune institution humaine n'est parfaite, puisque conçue par des individus imparfaits, je me dirai que sur ce point je suis en désaccord avec l'ordre, ce qui ne m'empêche pas de lui conférer de l'autorité. Voilà justement pour l'autorité. L'autoritarisme ne relève pas de l'effet qu'un sujet A fait sur un sujet B, effet conduisant le sujet B à voir dans le sujet A une source d'enrichissement momentané, ou même définitive, mais toujours susceptible d'être discutée ; elle serait plutôt une auto-proclamation d'un sujet A se présentant explicitement ou implicitement au sujet B comme une source indiscutable d'enrichissement, présentation correspondant à une injonction venue du dehors corseter la volonté du sujet A. Dit autrement, là où l'autorité de l'altérité convoque les exigences intimes et secrètes de la conscience, l'autoritarisme actionne le bas désir de se subordonner et d'être accepté, bref d'être assujetti, c'est-à-dire privé de son caractère de sujet destiné à accomplir librement et en toute conscience son devoir.

Pour ma part, la distinction allégeance/soumission m'a donné à comprendre à une lumière nouvelle l'attitude de Johaben ; au 6e degré, il va, malgré l'interdiction, tenter de comprendre et d'entendre ce qui se trame entre Hiram de Tyr et Salomon ; surpris, il a failli perdre la vie. L'un des sens du mythe est que malgré son allégeance à Salomon Johaben n'est pas à l'abri des pièges de la soumission à ses mauvais compagnons ; dans l'épisode relaté, c'est même parce qu'il a fait allégeance à Salomon qu'il va être soumis à l'impatience curieuse, au désir trop précipité de connaître. On pourrait dire à son propos que la voie de la soumission est parfois remplie des pavés de l'allégeance ; reste que cette voie meurtrière et liberticide l'éloigne trop de son devoir. Une question va alors inaugurer le troisième et dernier moment de ce travail. Qu'est-ce que le devoir ?

Devoir et amour

Je dis bien « qu'est-ce que le devoir » et non pas « à quels devoirs sommes-nous soumis ». J'ai pour part répondu à cette question ; pour répondre à la question, et sans procéder à une exégèse du projet kantien, je dirai simplement que pour Kant, le théoricien de la morale et du devoir, il s'agit d'agir de manière telle que nous aimerions qu'autrui agisse de la même manière à notre endroit. L'idée semble lumineuse ; elle consiste à maintenir coûte que coûte la pureté de notre intention morale ; il ne faut toutefois pas se précipiter. Cette maxime nous aide-t-elle réellement à obéir aux lois qu'on s'est soi-même prescrites ? Rien n'est moins sûr. Alors que Kant associe le devoir à une loi universelle valable pour tous en toutes circonstances, Saint Augustin insiste sur la nécessité de prendre en compte la diversité des situations humaines, la différence de psychologie entre les individus et d'adapter notre comportement en fonction des besoins d'autrui. Pour l'un, une attitude de sévérité sera plus utile qu'une attitude de complaisance, pour l'autre, il sera important de faire preuve de compréhension afin de ne pas contribuer à sa perte. La finalité n'étant pas de garantir la pureté de notre intention morale, mais de se soucier réellement du bien d'autrui. Il s'agit, avant d'agir, de saisir à la fois les besoins réels de la personne et d'anticiper les conséquences de nos comportements, ce qui dans les faits est beaucoup plus délicat que de se demander si la forme de notre action est universalisable. Lui aussi invite à se méfier des apparences : une action peut paraître bonne et généreuse et en réalité ne pas être bénéfique à autrui (ne pas montrer à autrui ses erreurs pour ne pas risquer d'être moins aimé et conserver sa tranquillité par exemple), et à l'inverse une attitude peut paraître dure et injuste et être en réalité charitable, car utile au bien véritable d'autrui. Mais le critère retenu n'est plus ici la conformité de l'intention à la loi morale universelle, mais l'*agapé*, seul guide infaillible selon lui de la conscience morale. Seul l'amour, cette sortie de soi radicale (celui dont il est question ici n'est pas l'amour *éros,* mais l'amour *agapè*) peut permettre de personnaliser notre comportement, de l'adapter à chacun sans se cacher derrière des alibis de mauvaise foi (de ceux qu'évoque Pascal avec ironie dans ses *Provinciales* lorsqu'il dénonce les arguments des casuistes qui, à force de justifier les cas de conscience, en arrivent à produire une parodie de morale : vous pouvez refuser l'aumône au mendiant à condition que ce soit pour l'inciter au travail et non par avarice, tuer votre prochain en duel à condition que ce soit pour défendre l'honneur et non pour commettre un meurtre par exemple). De tels alibis traduisent bien une adaptation aux circonstances, mais sont hypocrites, car ce qui est recherché, ce n'est pas l'intérêt d'autrui, mais son propre intérêt.

Voilà venu le temps de l'ouverture ; que retenir ? Pour ma part, cette question m'ayant conduit à poser les fondements d'une différence entre allégeance et soumission, m'a donné à penser deux chantiers ultérieurs : a) la distinction entre morale et moraline ; la seconde étant à la première (et dans le sillon de Nietzsche) ce que Madonna est au talmud, BHL à la philo, Bauer à la franc-maçonnerie, Monseigneur Lefèvre à l'évangile, ou Hollande au socialisme… b) Aime et fais ce qu'il te plaît ; cette phrase d'Augustin incarne à mes yeux l'éthos du devoir qui n'est rien d'autre que la marche des exigences intimes de ma conscience, exigences infinies et toujours inachevées cela va de soi… D'où mon ultime interrogation relative aux devoirs assignés par les voyages du quatrième degré : sans amour, l'obéissance à l'acte de connaître ne devient-elle pas une érudition sèche et sans saveur, la justice ne s'offre-t-elle pas comme une série de lois mécaniques situées aux antipodes du parfum de l'homme, et la rationalité, n'apparaît-elle pas comme un système de pensée froide et délestée d'affect ? Bref, sans amour, peut-on encore accomplir notre devoir consistant à obéir fidèlement à notre dimension hiramique et à celle des autres ?

Chapitre 3 : Voile érotisme et absence

Voile, érotisme et absence ; c'est le titre de cette planche. D'où sa problématique : comment rapporter le voile à la notion d'érotisme d'une part d'érotisme, d'une part, a celle d'absence d'autre part ? Pour répondre à la question, trois moments ; a) une brève histoire du voile nous donnera à comprendre que le voile donne autant à penser l'alliance que la séparation et qu'il nous donne à penser germinativement la notion d'absence ; b) ensuite continuant à explorer l'ambivalence du voile, je ferai apparaître le lien irréfragable qu'il entretient avec l'érotisme, entendu au sens lévinassien de simultanéité du clandestin et du découvert. Ici apparaîtra l'idée selon laquelle le voile m'invite en loge à réfléchir sur l'érotisme du moi, de l'autre et du monde ; c) dans une troisième et dernière partie, je montrerai que l'érotisme est une notion qui nous permet de nous rapporter singulièrement à la notion d'absence.

Faire surgir l'érotisme de la vérité, bref de sa présence toujours absente ou de son absence/présente est la tâche ultime que je me donne.

Le voile l'alliance et la séparation

Par voile j'entends d'abord la pièce d'étoffe qui recouvre le visage de l'impétrant Maître Secret lors des quatre premiers voyages. Un premier détour par une brève, très brève histoire du voile peut nous fournir de précieux renseignements sur l'ambivalence du voile.

L'alliance

En régime romain par exemple, l'épouse prenait le voile au cours d'une cérémonie marquant son changement de statut ; ce voile était jaune comme une flamme, la flamme de l'amour ; on comprend alors qu'à Rome le voile a été associé aux noces, à l'alliance. Idem dans la bible la fiancée, en régime hébraïque, était en effet présentée voilée à son futur époux ; en témoigne un fragment du cantique des cantiques « que tu es belle ma colombe, tes yeux sont des colombes à travers ton voile » (Cantique 4 -1). J'ajoute ici que la religieuse qui fait alliance mystique avec son seigneur porte également un voile et qu'en cette matière le christianisme n'a fait qu'annexer la tradition romaine selon laquelle les vestales romaines – ces chastes prêtresses du foyer – étaient également voilées. Au terme de cette trop brève convocation de quelques éléments historiques, qu'avons-nous acquis ? Un triple renseignement sur le voile : celui-ci peut historiquement faire signe vers le changement de statut, vers l'alliance et vers le sacré ; or il est assez aisé de montrer que le voile porté par le frère lors de l'élévation honore ces trois notions : le changement de statut d'abord ; ledit frère passe en effet du statut de Maître à celui de Maître Secret, passage que le voile annonce singulièrement, car l'un des mots hébreux signifiants voile est lot dont la racine est *lahat* qui signifie caché ou secret, et donc corollairement absent de la vue du toucher du savoir ou de la connaissance. Par ailleurs il contracte bien une alliance frappée du sceau du sacré ; les termes alliance et sacré entretiennent d'ailleurs une remarquable proximité dans le rituel d'initiation où l'on peut entendre le TFPM dire : « si vous voulez trouver la vraie lumière et la parole perdue, inclinez-vous devant notre autel sacré ; contractez une sincère alliance avec nous ». En ce lieu, on comprend pourquoi et comment le voile nous donne à penser la notion de changement de statut, de sacré et d'alliance : il ne faut pourtant pas s'y tromper : si le voile noue un lien insécable avec l'Alliance, il nous donne également à réfléchir sur la séparation.

La séparation

La couleur du voile (le noir) nous invite d'abord bien à méditer sur la séparation radicale ; le deuil en l'occurrence ; on n'oublie pas en effet qu'au 4e degré, nous sommes en deuil et que l'atelier est décrit comme « lieu de tristesse et de chagrin ». Or en matière de séparation, une autre remarque mérite d'être formulée : la cérémonie où il est question d'alliance a lieu devant le voile séparant le Saint des Saints, cet endroit du temple de Jérusalem que le seul grand prêtre a le droit de visiter le jour de Kippour, séparé du saint, autre endroit du temple accessible lui à tout un chacun. Dit autrement le saint des saints soustraits à la vie de l'impétrant le voile) dans son absence (car invisible) est égalcment présent : Précision importante ; il y a peut-être une correspondance entre le voile porté par l'impétrant s'apprêtant à devenir Maître Secret et celui voulu par l'éternel ; tous deux nouent un lien irréfragable avec le secret. Ce lien s'honore entre autres sources par le mot grec kaluma qui signifie à la fois voile et secret ; ce secret, qui, comme tous les secrets, a la particularité de séparer ceux qui y ont accès de ceux qui ne peuvent y accéder, nous donnerait donc à formuler la question qui suit : si le voile du Saint des Saints protège, dérobe au regard le secret de l'arche d'alliance, que pourrait protéger le voile porté par l'impétrant ? Les secrets classiques que doit garder chaque Maçon ? L'interdiction de dévoiler un frère, de parler de ce qu'il a entendu en loge ? Oui bien sûr. Mais il y a davantage : à mes yeux, il protège le Saint des Saints de l'impétrant, soit sa dimension la plus radicale, la plus insalissable et la plus incommunicable, bref ce qui le sépare de manière radicale de tout le monde ; qu'est-ce à dire précisément ?

Le voile et érotisme

Voile et masque

Répondre à la question revient à savoir que le voile est masque, or en latin masque se dit *persona* et *persona* a donné naissance au mot personne, notion que des philosophes dits personnalistes comme Mounier ou Scheller n'ont cessé de penser. Qu'est donc que la personne en régime personnaliste ? « C'est le mouvement permanent de sortie de soi, c'est la négation de soi comme monde clos sur lui-même ; la personne n'est pas l'être ; elle est mouvement vers l'être et elle n'est consistante qu'en l'être qu'elle vise »[55]. Le sens du propos de Mounier est que la personne, cette capacité de transcendance au dedans de soi qui fait que l'homme est l'être vivant qui n'a de cesse d'interroger avec force les possibles du réel, n'est réductible ni à l'individu, ni au sujet.

Ce point est décisif ; en effet, au regard de l'éthos de la personne, le soi c'est-à-dire le moi plénier n'est jamais entièrement atteint ; il est toujours et encore entrain d se construire est-il pour autant absent ? Non, il est présent érotiquement ; je m'explique et me justifie. Le moi plénier, jamais présent, s'offre pourtant comme un point d'horizon qui n'a de cesse de reculer lors de l'approche ; ce soi est donc situé à la confluence du visible et de l'invisible ; il est a-venir, présent dans son absence, puisque c'est lui au fond qui oriente le chemin de chaque un ; on se rappelle ici qu'absence vient de *ab-sum* qui signifie « je suis ailleurs », autre manière de dire que « je » est un autre ou encore que

---

[55] Emmanuel Mounier, *Le personnalisme*, Que sais-je ?, PUF, Paris, 1949, p. 79

mon moi plénier est toujours absent ; c'est que nous rappelle le voile en nous indiquant que le véritable visage de chaque un est toujours un peu voilé, et que je reste, pour l'autre et pour moi, un mystère à découvrir toujours et encore un peu moins mal.

Cette confluence du visible et de l'invisible qui caractérise le moi plénier est à mes yeux frappée du sceau de l'érotisme que je définis grâce à Emmanuel Levinas comme la simultanéité du clandestin et du découvert. Dans l'érotisme ainsi interprété, le secret du moi plénier et incommunicable apparaît sans apparaître, non pas parce qu'il apparaît dans la confusion, mais justement parce qu'il apparaît dans l'équivoque du clandestin et du découvert. La dialectique du visible et de l'invisible garantit, par la simultanéité de la manifestation et du retrait, qu'en entrant en contact avec le visible, l'invisible reste néanmoins dans l'invisible. Mais en ce lieu de notre enquête, une précision s'impose ; l'érotisme du voile ne concerne pas uniquement le visage qui, rappelons-le brièvement, est chez Levinas l'épiphanie de la singularité de chacun ; un tel érotisme, lié au voile, pourrait en effet éclairer à nos yeux de manière très féconde, les notions de symbole, de mots, de réalité et de vérité, et ce, en maçonnerie ou ailleurs.

« Vous ne prendrez pas le mot pour des idées et vous vous efforcerez toujours de découvrir l'idée sous le symbole » ; eut égard à ce que nous avons dit, on peut admettre que le mot et le symbole sont des voiles de l'idée, bref que l'idée apparaît érotiquement sous le voile du symbole ou des mots. Le mot comme l'idée sont des visibles faisant signe vers un invisible. On pourrait dire que le symbole est le voile d'un sens toujours à venir, toujours et encore à faire surgir. Qu'est-ce qui m'autorise à dire ceci ? La phrase du rituel qui suit : « la vérité absolue est inaccessible à l'esprit humain ; il s'en approche sans cesse, mais ne l'atteint jamais », cela signifie dans mon langage qu'il y a une érotique de la vérité d'une part et d'autre part qu'on ne peut que caresser érotiquement la vérité. Je m'explique et me justifie : la caresse, notion que j'emprunte à Emmanuel Levinas est un anti-concept ; « elle est un jeu avec quelque chose qui se dérobe toujours [...] non pas ce qui peut devenir nôtre et nous, mais avec quelque chose d'autre, toujours autre[56] » ; la caresse dit l'impossibilité d'*enfer-mer* la vérité dans le *main-tenant* d'une définition figée ; dans la caresse, où les doigts sont tendus vers l'avenir, je ne perçois pas la vérité comme une vérité posée-là, mais comme une dynamique que j'ai toujours et encore – grâce aux autres – à découvrir et à dévoiler. Mais là, une question se pose avec force : on voit bien que la perception de la lumière à travers le bandeau n'est pas complète ; ce que le rituel ne manque pas de rappeler ; « Telle la lumière que vous portez et que vous ne voyez qu'imparfaitement au travers du bandeau qui trouble votre vue, la Vérité est une lumière que l'homme perçoit plus ou moins confusément. Elle peut pourtant se révéler dans tout son éclat à celui qui veut ouvrir les yeux et regarder. »

Comment peut-elle se révéler dans tout son éclat si elle est une dynamique toujours inachevée ? La réponse est la suivante ; dans la phrase, « plus ou moins confusément » signifie en rigueur de termes « érotique », et « l'entièreté de l'éclat » auquel il est fait allusion n'est ni plus ni moins que la conscience dudit érotisme qui se déploie dans un regard porté sur la vérité de mon moi, de l'autre et du monde ; mon moi comme celui de l'autre – l'autre ne peut être en effet que caressé érotiquement – ; il en va de même pour le monde : « quelque admiration que vous inspire le spectacle de l'univers, souvenez-vous que vous ne l'admirez qu'en proportion de votre faiblesse en présence de son

---

[56] *Le temps et l'autre*, Fata Morgana, Montpellier, 1979, p. 19

immensité » ; dire qu'on ne peut caresser qu'érotiquement le réel revient à mes yeux affirmer que la réalité que nous percevons de notre petitesse n'est que le voile du réel. Écoutons sur ce point Christiane Singer : « la réalité est la part sclérosée du réel ; cette pierre, cette table, je les retrouverai demain à la même place ; le réel écrit est le nom que je donne à la réalité agrandie puisque ce mot que traduit en allemand *wirklichkeit*, par opposition à *realität*, manque en français ; le réel est cette part fluide de la réalité, ce permanent devenir, cette métamorphose permanente composée de potentiels en attente, de projets, de visions : bref de l'esprit agissant[57] ». L'érotisme ainsi interprété me donne également à me rapporter de manière singulière à la notion d'absence.

Une érotique de l'absence

L'Assiduité vient du latin, *assiduitas* (présence constante). C'est la nécessité d'une présence effective, constante et régulière, dans un lieu, où, nous nous acquittons de nos engagements… Que cette présence soit constante ou répétitive, fréquente ou systématique, qu'elle se manifeste avec persévérance, application, opiniâtreté, obstination ou fermeté, elle implique zèle, une volonté de participer, un effort continu et une certaine ponctualité.

L'assiduité c'est se conformer à nos engagements. Le profane qui fait sa demande d'entrée est mis en face de cette obligation. Je cite : « L'assiduité étant obligatoire, pouvez-vous vous engager à assister régulièrement à nos tenues ». Cette obligation est confirmée par le serment que prête le

---

[57] *N'oublie pas les chevaux écumants du passé*, Albin Michel, Paris, 2005, p. 23

nouvel initié, c'est un engagement d'honneur, à savoir : « Je promets, sur mon honneur, de travailler avec zèle, constance et régularité au Grand Œuvre de la Franc-maçonnerie » ; dans l'assiduité, nous sommes engagés par Devoir, envers nous-mêmes et envers les autres. Facteur nécessaire au cheminement initiatique, l'assiduité semble donc avoir un antonyme, un contraire, l'absence.

Dit autrement, l'absence serait une catégorie maçonnique noire alors que la présence via l'assiduité s'offrirait comme une catégorie blanche. Littéralement ce n'est pas faux ; le Maître Secret pour qui la notion de devoir est décisive est très largement soumis à ladite obligation. Attention toutefois au littéralisme manichéen et forcément un peu lourd ; mon expérience en loge en témoigne. Présent physiquement en loge il m'arrive, je l'avoue, d'être ailleurs ; dit autrement, tout en étant présent, je peux être absent de la tenue ; sachant qu'absent vient de *ab sum*, « je suis ailleurs », je fais donc l'expérience de la présence absente ; sur un autre registre, on note que l'absence d'un frère est martelée par une présence (l'appel du nom) et, pour ma part, je peux m'y rapporter en présentifiant imaginativement ou affectivement sous le mode du souvenir, de la nostalgie, du regret de ne pas le voir ledit frère. Là encore, je fais l'épreuve de la présence absente.

Là une remarque sur le deuil s'impose immanquablement ; au 4e degré, nous sommes répétons-le en deuil. Qu'est-ce qu'un deuil si ce n'est l'expérience affective et effective d'une présence absente ? Hiram, personne ne l'a jamais vu, entendu et pourtant… Ce qui vaut en maçonnerie vaut naturellement ailleurs ; le tombeau des morts est le cœur des vivants. Autrement dit, les morts, s'ils sont absents physiquement, sont présents à nos vies sous un autre mode que je qualifie donc d'érotique ; voilà le temps de la conclusion est venu.

Que retenir de cette planche ? Trois choses. Primo, donné à penser par le voile, l'érotisme affecte notre relation à nous-mêmes aux autres au monde et à la vérité, car je ne puis que caresser cette dernière. Secundo, ce travail me laisse sur une question ; peut-on faire une expérience de l'absence non érotique ? Tertio, Bergson disait que l'œil ne peut voir que ce que l'esprit comprend ; le voile me rappelle que mon esprit a encore beaucoup de pain sur la planche en matière de compréhension.

LIVRE V

Chapitre 1 : le 16e grade aujourd'hui

« Quel sens est-il possible de donner au 16e grade à l'aune du XXIe siècle ? » C'est la question qui m'a été posée et que je vais m'efforcer de prendre en charge. Dans cette perspective, je vais travailler classiquement en trois temps ; j'ausculterai d'abord le sens de l'expression « prince de Jérusalem », puisque c'est le titre que porte le Maçon au 16e grade, avant de réfléchir sur la relation particulière que ces princes entretiennent à la tradition ; ensuite, dans un second moment, j'examinerai le sens qu'on pourrait attribuer à l'expression « second temple » dont il est question dans la légende du grade. Enfin, à partir de mes acquis, je ferai saillir encore davantage l'actualité dudit grade.

Approche globale du grade

Quels sont les temps forts de la légende/récit du 16e grade ? Je vous les propose.

Zorobabel, gouverneur de l'état hébreu a réuni tous les corps de métier, des matériaux et des centaines d'ouvriers nécessaires à la construction du second temple. Le roi Cyrus vient de trouver la mort, il est remplacé par Darius désormais roi de l'empire perse qui règne sur Juda et la Samarie ; les Samaritains profitent de ce changement pour cesser leur contribution financière à la construction du temple. Zorobabel garde son sang-froid et envoie cinq chevaliers d'orient et de l'épée (15e grade) à Babylone, où habite Darius, pour convaincre ce dernier d'obliger les Samaritains à revenir sur leur décision et à participer à l'édification du temple. Si leur route vers Darius a été semée d'embûches, ils obtiennent un édit de Darius enjoignant les Samaritains de reprendre la construction du temple. Pour récompenser les chevaliers ayant fait preuve de persuasion auprès de Darius, Zorobabel les élève au rang de prince de Jérusalem.

Fort de ce rappel, une remarque initiale s'impose : en hébreu, deux mots désignent le terme prince : *nasikh* et *naguid.* Le premier signifie celui qui est oint et le second celui qui dit, celui dont le langage autorise, génère, produit de la décision ; les chevaliers de l'orient et de l'épée sont donc et des *nasikh* (ils ont bien été oints, promus par Zorobabel) et des *naguid* (ils savent manier l'art de persuader puisqu'ils ont convaincu Darius) ; ils honorent ainsi les significations hébraïques du mot prince. Reste alors à se demander en quoi le nom de Jérusalem me permet d'enrichir cette première interprétation que je propose du grade.

Étymologiquement, en hébreu, Jérusalem renvoie à la notion de plénitude, d'achèvement et, partant, de paix ; là, une indication aussi simple que claire m'est proposée : ils sont, parmi les chevaliers d'orient et de l'épée, ceux qui ont fait le plus preuve de zèle, d'ardeur, d'endurance et de volonté. Ils sont en quelque sorte les plus aguerris, les plus affûtés, les plus achevés, les plus méritants aussi des chevaliers d'orient et de l'épée. On retrouve d'autre part chez eux une audace créative qui reste par ailleurs fort contemporaine : s'ils sont méritants, c'est aussi et surtout que, dans leur rapport à la tradition, ils ont en effet fait preuve, pour eux et pour leur peuple, contrairement aux Samaritains, d'une créativité avérée. En fait, les Samaritains, qui ont évoqué une interprétation littérale du pentateuque pour cesser leur contribution financière au temple, s'offrent comme des traditionalistes, c'est-à-dire comme des personnes assimilant la tradition à un dépositum, une lettre morte à transmettre de manière mécanique et littérale.

Toute autre est le rapport de Zorobabel de ses chevaliers et de son peuple à la tradition ; leur geste doit en conséquence nous donner à réfléchir de manière contemporaine sur la distinction attachement à la tradition et traditionalisme. La tradition doit en effet être comprise non seulement comme action de réception et de transmission, mais aussi comme recréation du sens. Ainsi la tradition n'est pas seulement réception de la parole, mais mise en mouvement de celle-ci. On doit alors distinguer deux types d'hommes et, voire peut-être, deux types de maçons qui transmettent la tradition. Le premier transmet sans enrichir ; il n'est, en jouant le rôle de mémoire du sens, qu'un instrument auquel on a recours ; c'est le traditionaliste, le Samaritain d'hier et d'aujourd'hui, celui qui ne prend pas le risque de l'interprétation. Mais, le véritable transmetteur que nous donne à penser le grade est bien plus qu'une mémoire ; son rapport à la tradition n'est pas passif. Il reçoit le sens acquis, et ne se sent jamais en droit de le retransmettre sans avoir au préalable apporté son *hidouch* ou innovation personnelle.

Le geste posé par Zorobabel et son peuple peut donc légitimement, selon nous, être appréhendé à la lumière de la catégorie de *hidouch*. Pour rétablir l'alliance avec l'éternel, pour continuer à construire le second temple, ils sont allés chercher une légitimité extérieure. Le message est donc clair : pour eux et pour moi, la tradition n'est certainement pas la vénération du passé en tant que tel, ni le rejet du présent, encore moins la peur du futur ; ces caractéristiques seraient plutôt celles du traditionalisme qui lui s'apparente à une perversion, à un faux ami du respect de la tradition. Comme le dit Hannah Arendt, la tradition « [ce] testament qui nous lègue le sens en héritage ne nous tire pas en arrière, mais pousse en avant ». Cela signifie donc bien que la tradition authentique n'est donc pas négation de la nouveauté, mais qu'elle se nourrit d'elle comme le nouveau s'adosse à l'ancien. Ce goût de l'interprétation, ce risque de l'herméneutique, pourrait se déplier dans notre chapitre dans l'interprétation des symboles, des constitutions et du rituel ; fort de ces trop brèves explications, auscultons à présent le sens contemporain de l'expression second temple.

Les princes de Jérusalem et le second temple

La première signification du temple que nous retiendrons fait évidemment référence à la légende mythique de la construction du Temple de Salomon par Hiram, telle qu'elle est décrite dans les livres bibliques des Rois et des Chroniques. Dans le Livre des Rois, le temple de Jérusalem est associé à la Jérusalem céleste, notion déjà rencontrée. Construire son temple et celui de l'humanité, rappelons-le encore, c'est cheminer dans et vers la lumière ; mais ce cheminement n'oblitère pas par un certain nombre d'épreuves ; ce que n'a de cesse de faire le maçon maçonnant symboliquement d'abord et existentiellement aussi.

L'ennui, l'irritation, l'indifférence sont à mon sens des épreuves dont j'ai subi l'assaut en cheminant. Dans le récit du 16e garde, ces épreuves sont symbolisées pour les princes de Jérusalem par les ennemis rencontrés sur la route de Babylone, les Samaritains et même la contingence (la mort de Darius). En réalité Babylone c'est le coefficient d'adversité du réel en nous et hors de nous (injustices, dysfonctionnement, triomphe des contre-valeurs) qu'il convient de regarder les yeux dans les yeux. J'y reviens bientôt. Cela veut dire qu'il n'existe pas de transformation (intérieure ou extérieure) sans ennemis ; nous ne pouvons nous ajuster, c'est-à-dire devenir justes, que dans un combat. On trouve là l'idée selon laquelle le cheminement maçonnique n'est pas un pavillon de tranquillité dans la banlieue de l'engagement ; s'engager, se mettre gage, au nom d'un idéal qui relève plus de l'horizon de sens que de l'idéologie, telle est à mon avis la tâche assignée au franc-maçon d'hier et d'aujourd'hui.

Mais là une remarque se doit d'être formulée. Ce qu'il y a de nouveau c'est la notion de deuxième temple qui va s'édifier sur les ruines du premier ; vers quoi peut-elle faire signe ? Vers une deuxième naissance, c'est-à-dire d'abord vers, à mon avis, la *co-naissance* à une autre lumière de ce que nous savons déjà ; le deuxième temple auquel est associé le prince de Jérusalem s'offre donc comme un nouvel éclairage, porté sur des réalités déjà connues, mais abordées de manière différente.

Je précise : on se rappelle ici que le temple est dédié seul à Dieu qui a créé le monde par la parole, les autres dieux créateurs ont des récits de création différents ; ils ont pétri le monde soit avec du feu soit avec de l'argile ; le dieu d'Abraham, d'Isaac et de Jacob a dit « que soit ceci ou cela et cela fut ». Le prince de Jérusalem a, me semble-t-il, comme fonction de donner à réfléchir sur le sens et performativité du langage ; en cela, il reprend et approfondit des propositions du 4e degré (voir l'idée sous les mots ; penser les mots comme les voiles de l'idée). Par les spécificités du prince (il veut construire un second temple, fait finement et efficacement savoir son désir et se met à construire le second temple), le grade nous invite en réalité à harmoniser le penser, le dire et le faire. En d'autres mots, il nous propose de gagner en spiritualité, si on entend par cette dernière et au-delà de toute appartenance religieuse, précisément la triple harmonie sus-citée, trinité harmonieuse faisant d'ailleurs signe vers la forme de la truelle qui, avec l'épée du combattant, constitue l'un des attributs essentiels du grade.

Le second temple, de par son existence qui suppose la destruction du premier, indique par ailleurs que la rupture (premier temple détruit) avec le spirituel est toujours possible et signale que pour l'éviter il faut peut-être réfléchir toujours et encore sur la valeur et les limites du langage et donc de la parole... La bouche peut honorer de grands idéaux, mais si les actes ne sont pas à la hauteur… La quête de la parole doit donc prendre un nouveau tournant, une nouvelle tournure, tournant que le 18e garde nous aidera à comprendre en nous expliquant qu'un langage non irrigué par l'amour est condamné à n'être qu'une bouche cadavre. Fort de ces trop brèves analyses, reste une question : quels enseignements théoriques et pratiques peut-on encore tirer du grade ? La réponse à la question va faire l'objet du troisième moment de la planche qui veut insister primordialement sur la contemporanéité du grade.

Et aujourd'hui

On se rappelle ici que l'image de Babylone est celle d'une splendeur qui s'est perdue ; la ville est en effet associée à la tour de Babel, soit à la confusion des langues, sorte d'accélérateur de la perte de la parole ; ce point me somme de réfléchir sur ce qu'est vraiment l'art de persuader, pratiqué par les princes de Jérusalem. Être un praticien de l'art de persuader ne signifie pas que je sois capable de vendre de la glace à un esquimau, mais plutôt que grâce à un discours sincère, argumenté et émotionnel je sois capable, autant que faire se peut, de penser ma vie et de vivre ma pensée, mais aussi d'effectuer mes valeurs dans la chair du monde, et ce quelle que soit ma situation.

Aller à Babylone c'est aussi prendre conscience des abominations de la Terre et revenir à Jérusalem revient in fine à injecter des pépites de langage dans cette fange du réel, ce qu'ont fait les futurs princes (d'où l'accord qu'ils ont obtenu) ; c'est en conséquence rejeter, avec une conscience accrue des valeurs, le monde de ténèbres en nous et hors de nous et renouer un peu moins mal avec sa dimension spirituelle.

Je précise : dès le deuxième grade, on sait que le Maçon doit déplier dans la cité ce qu'il a appris ; c'est la symbolique de la rencontre entre le niveau et le fil à plomb. Le 16e grade rappelle que les princes de Jérusalem d'hier, comme ceux d'aujourd'hui, sont dans une construction intime qui n'est pas intimiste ; cela signifie que le prince, s'il doit s'améliorer, ne doit jamais oublier d'améliorer le vivre ensemble, bref peser sur la cité qui est aussi le sens de la construction du temple.

Parmi lesdits chantiers contemporains pouvant s'apparenter à la construction d'un deuxième temple, une refondation de l'humanisme s'impose ; il ne s'agit plus de penser un humanisme enraciné dans la première personne du singulier, mais plutôt un humanisme souché dans le visage d'autrui. Dire au revoir à un certain Montaigne pour rencontrer un certain Levinas, voilà ce qui peut, peut-être, être l'une des pistes susceptibles de réarmer l'humanisme. Dans cette perspective, prendre en charge des problématiques environnementales (changements climatiques, montée des eaux, sécheresse), bref, penser autrement l'autre qu'est la nature ou encore réfléchir éthiquement sur les avancées technologiques, les crises migratoires, l'éducation, voilà des tâches qui peuvent attendre le Maçon contemporain. J'aimerais teinter cette interprétation d'une couleur très personnelle.

Darius soumet les Samaritains, car il ne veut pas de querelles à propos des lieux de culte ; pour ma part, cela m'interroge sur les lieux de culte d'hier et d'aujourd'hui ; et ce, bien au-delà du problème de la laïcité, du financement des dits lieux, thèmes que je ne vais pas aborder aujourd'hui. Je m'explique. Hier les cathédrales n'avaient pas de sièges, elles étaient considérées comme des lieux d'échange et de partage ; aujourd'hui trop sacralisés, ces lieux ne sont plus que des sanctuaires réservés aux gestionnaires officiels du sacré ; ne pourrait-on pas renouer avec l'éthos de ces lieux ? Pour ma part, j'ai essayé de le faire à l'église Saint-Eustache où j'ai programmé pendant une dizaine d'années des concerts gratuits, non pas de musiques explicitement sacrées (chrétiennes ou autres), mais de musique profane où le sacré était implicite. Cette manière de réunir chrétiens, juifs, musulmans, athées, gnostiques, agnostiques était pour moi une manière de réunir ce qui a priori est épars et réinterroger le statut des lieux de culte.

En étendant notre réflexion au lieu de réflexion, on pourrait se demander si notre chapitre fait tous les efforts nécessaires pour réunir ce qui est épars ; toutes les spiritualités, celles qui croient au ciel de différentes manières et celles qui n'y croient pas, sont-elles vraiment représentées ? L'absence de l'autre sexe dit-elle un attachement à la tradition, ou traduit-elle un traditionalisme ? Voilà des questions que pour ma part je pose. Cela étant signalé, je vais zoomer en conclusion sur ce qui me paraît nucléaire dans ce récit.

La légende des princes de Jérusalem m'a rappelé que je ne suis pas le gardien d'une beauté déjà achevée (les temples peuvent être détruits) ; je suis toujours et encore co-créateur d'un devenir. La création ne me livre pas un réel achevé parfait et durable, mais m'invite en permanence, dans le respect de l'ordre de l'amour, à toujours et encore remettre à neuf ce qui s'étiole et à rendre étincelant ce qui a été soumis à l'entropie. Loin de m'affliger, cette sagesse primordiale de la création me met en joie ; même si la tâche qui m'incombe et qui incombe à chacun semble colossale, l'idée de pouvoir se sentir très modestement, mais fermement et résolument nécessaire à la beauté du monde est en effet extrêmement, mais alors extrêmement réjouissante.

Chapitre 2 : lecture et altérité

Le propre de l'altérité (du latin *alter*, autre) est de nous faire devenir autre ; ce qui nous altère est en effet ce qui nous transforme. Quand on parle d'un état de santé altéré, on parle d'un état de santé qui change. Puisqu'elle convoque au changement, à la mise en mouvement, l'altérité nous fait courir le danger de la perturbation, de l'égarement, de la vulnérabilité. Elle nous donne à comprendre que la vie, notre vie, n'est pas un long fleuve tranquille, bref, que la rose a aussi des épines et que la croix est aussi épreuve. Eu égard aux préoccupations qui sont les nôtres, une question se pose avec force : comment rapporter la lecture à l'altérité ?

Pour répondre à la question trois moments ; d'abord, je réfléchirai sur ce que peut être l'appel d'un texte pensé comme une altérité ; ensuite je montrerai que cet appel suppose et implique de considérer le texte comme une autorité et, dans un troisième temps, je ferai paraître que, si l'on consent à faire confiance à cette altérité, on vivra par là même une expérience, terme que je définirai comme épreuve radicale de l'altérité. Proposer à la sagacité du lecteur la notion de lecture/expérience et rapporter ladite notion au rouge, en particulier, et à des notions propres au 18e degré, en général, est la tâche que je me donne.

Lecture et altérité

« Qu'est-ce que lire un classique ? », se demande Steiner dans *Errata*. Il répond : « je définis un classique comme une forme signifiante qui nous lit plus que nous le lisons [...] Le classique nous demande : es-tu prêt à agir sur les potentialités d'être transformé ?[58] ». Ainsi interprété, l'acte de lire cette mise en présence d'un lecteur et d'un texte aurait une première caractéristique il serait enraciné dans une passivité primordiale ; Kafka, cité par Steiner précise : « si le livre que nous lisons ne nous réveille pas comme un poing cognant sur le crâne, alors à quoi bon lire ; ce qu'il nous faut ce sont des livres qui nous tombent dessus comme l'infortune, comme la mort de celui que nous aimons mieux que nous-mêmes [59] ». L'auteur de *La métamorphose* nous livre ici un second caractère essentiel de la lecture/expérience : celle-ci condamne à mort celui que nous aimons mieux que nous-mêmes, à l'intérieur de nous. En d'autres mots, pour Kafka, la lecture/expérience est un appel à condamner à mort le moi suffisant, rivé à ses besoins, esclave de ses instincts. L'apparition du terme mort me permet une première fois de rapporter ce type de lecture au rouge ; en effet les hommes de Cro-Magnon enduisaient le corps des morts en rouge afin que ceux-ci renaissent dans le ventre de la terre mère ; or la lecture/expérience est également dynamisée par le couple mort/renaissance qui renvoie aussi d'une certaine manière à la symbolique du phénix, l'oiseau au plumage flamboyant. En régime de lecture/expérience, le moi connu, trop connu, se voit en effet orienté, dynamisé, par une altérité radicale qui lui commande de sortir de lui-même, de se nier en tant que monde clos sur lui-même, de s'éprouver en tant que débordement, bref, de s'exposer à l'inconnu et à ses dangers. Une telle lecture célèbre ainsi la victoire du moi faisant connaissance avec la transcendance, ce mouvement de sortie hors de soi-même. En d'autres mots un tel texte

---

[58] George Steiner, *Errata*, Folio, Gallimard, Paris, 2000, p. 37

[59] *Ibid,* p. 183.

nous invite dans la durée à changer notre rationalité, notre sensibilité, notre volonté, et la direction de nos désirs ; c'est à cette lumière qu'on peut comprendre la phrase de Mauriac selon laquelle « Pascal a décidé de ma vie ici-bas et peut être de mon éternité ».

On comprend avec Ricœur cette fois que dans la lecture/expérience « le lecteur s'expose à recevoir du texte un soi plus vaste[60] ». Ce dernier point intéresse particulièrement les chevaliers Rose-Croix que nous sommes ; en effet, il nous invite à nous rapporter au rouge et à son lien avec l'érotisme. Qu'est-ce que l'érotisme : c'est la présence/absente ; sur le plan littéral, la bretelle apparente du soutien-gorge fait signe vers l'invisible de la poitrine ; mais quel rapport avec le rouge ? Michel Pastoureau, dans son ouvrage éponyme, signale que les sous-vêtements rouges sont ceux que préfèrent les hommes et, que sous un mode plus sulfureux, le rouge est associé à la prostitution.

Sur un plan littéral, il est donc aisé de lier le rouge et l'érotisme ; et sur le plan spirituel ? Je réponds : le texte dont on subit l'assaut nous rappelle que notre moi est fondamentalement érotique dans le sens où il est toujours à construire, bref, toujours présent dans son absence car présent, non pas sous le mode de l'objet, mais sous celui de la tension ; voilà pourquoi je peux le qualifier d'érotique ; il est là sans être là. Cela étant signalé, je continue l'exploration de la lecture/expérience.

Altérité et autorité admirable

En nous appelant à une traversée du moi au soi, en nous révélant à nous-mêmes une dimension inattendue,

---

[60] Paul Ricoeur, *Du texte à l'action*, Seuil, Paris, 1986, p. 117.

inconnue et inachevée de notre être, le texte s'offre dès lors comme une autorité admirable à laquelle je ne peux que me subordonner respectueusement. Le mot autorité (*auctoritas* en latin) dérive en effet du verbe *augere* qui signifie augmenter, accroître ; or le texte, si l'on suit Ricœur, fait bien grandir le moi du lecteur.

Là, une telle lecture me donne encore à penser l'interprétation psychologique du rouge, à savoir une couleur associée à la conquête, la conquête d'un moi plus authentique en l'occurrence. Pourquoi dire alors que cet « accroissement » est frappé du sceau de l'admirable ? Parce qu'il se présente en réalité comme une contrainte non contraignante, dans le sens où il entraîne, sans violence, en gagnant l'assentiment du lecteur par une sorte d'ascendant où n'entre aucun élément de force. Dit autrement, le texte jette le lecteur dans la sphère de l'admiration ; celle-ci est d'abord un élan vers ce qui nous dépasse, ce dont je ne suis pas la mesure. Le mot latin *admirari* le suggère : *mirari* signifie s'émerveiller, tandis que le préfixe *ad* indique un mouvement vers.

D'une manière plus large, un texte suscite de l'admiration quand il nous surplombe, tout en nous révélant quelque chose ; dans l'admiration, le texte nous dépasse d'une manière infinie tout en nous touchant intimement. Quelle est alors la nature de cette révélation ? C'est celui de notre vocation. Le cadeau offert par le texte au lecteur est donc celui de sa vocation, cadeau qui sera attesté par un sentiment de joie qui nous jette à nouveau, de manière différente cette fois, dans la sphère du rouge ; cette couleur est en effet celui de la fête, de la joie et des cadeaux. Pensons ici à la couleur du père Noël qui n'a fait que s'approprier les couleurs de saint Nicolas vêtu d'un manteau rouge dans les images et ce depuis le Moyen Âge. Le cadeau du texte est en réalité une direction de sens vers son unicité, un là-bas, vers lequel on doit tendre afin d'un peu plus se trouver par le truchement d'une expérience ; reste encore à s'entendre sur le sens du terme.

Altérité et expérience

Le terme expérience vient du latin *experiri,* éprouver. Le radical est *periri* où l'on trouve la racine indo-européenne *per* qui s'actualise en latin dans le mot *periculum* (danger). De quelle nature est donc le péril ? Il consiste à se laisser atteindre par quelqu'un (l'auteur) ou quelque chose (le livre) qui va nous ébranler, nous transformer. Comme les chevaliers partis à la conquête de la parole perdue trouvent d'abord misère, désordre, mensonge, le lecteur appelé par le texte sera primordialement confronté au bouleversement, et aux affres de la rupture aux épines de la rose.

Ici le couple rose/croix peut être sollicité ; si l'on considère que la croix fait signe vers la souffrance, la peine et que la rose fait signe vers la connaissance plénière de soi, on comprend qu'une telle connaissance succède à bon nombre d'épreuves : comprendre ceci c'est avoir en tête la distinction entre le faire et l'avoir expérience. « Avoir » renvoie à la possession, au connaître, à la confiance que procure l'acquis ; est expérimenté celui qui s'y entend dans telle ou telle affaire donnée. Dans le faire expérience, ce qui prime ce n'est pas l'idée d'acquis, mais au contraire celle d'épreuve dangereuse et ébranlante ; l'expression faire dans cette tournure ne signifie d'ailleurs plus que nous soyons nous-mêmes les opérateurs de l'expérience ; on pourrait en effet dire qu'elle me fait plus que je ne la fais, puisqu'elle n'est rien d'autre que le risque d'une exposition à une altérité qui m'atteint en plein cœur.

En d'autres termes, l'expérience en général et la lecture/expérience ainsi interprétée apparaît bel et bien comme une épreuve radicale de l'altérité nous signalant que le chemin du chemin du moi au soi passe irrémédiablement par autrui. Cela étant dit, je conclus.

La foi, au sens de confiance absolue dans l'auteur, l'espérance, entendue comme moteur énergétique de mon devenir, et la charité, appréhendée comme donation gratuite et imprévisible, sont au rendez-vous de cette forme de lecture que je qualifie une nouvelle fois de rouge. Pourquoi ? Car elle est tonifiante, revigorante, vivante.

Ne dit-on pas que la viande rouge est plus fortifiante que la blanche et que le vin rouge est plus vivifiant que le blanc ? Expérience existentielle frappée du sceau de l'autorité et de l'admirable, la lecture/expérience est en réalité une figure de la rencontre amoureuse ; toutes deux pourraient être symbolisées par un rideau rouge, rideau rouge s'élevant ou s'écartant sur l'aurore d'une nouvelle relation à nous-mêmes, aux autres et au monde.

Chapitre 3 : rouge/amour

Rouge/amour c'est le titre de ma table burinée. Son enjeu majeur vise à rapporter chaque visage de l'amour à la couleur rouge. Je m'explique et me justifie. En français, nous aimons une femme comme certains peuvent aimer Dieu et d'autres le fromage ; nous n'avons qu'un mot pour dire l'amour. Tel n'est pas le cas du grec ; cette langue possédait au moins dix termes pour évoquer cet élan vers l'autre. Point important : tous nous donnent à penser une relation à une interprétation symbolique du rouge.

D'où la problématique de cette présente planche : comment et pourquoi affirmer que les différents visages de l'amour, auxquels renvoient les termes grecs, nous donnent à penser la signification plurielle de la couleur rouge ? Pour répondre à la question, je ferai d'abord apparaître le lien entre le rouge et une sexualité brute que nous impose une réflexion sur le mot grec *porneia* ; cela me conduira à rapprocher le rouge de l'enfer. Ensuite je réfléchirai sur le rapport entre le rouge et l'érotisme ; cette réflexion induite par une mini enquête sur l'*éros* sera le préalable d'une troisième partie consacrée à la fluidité d'un rapport amoureux avec soi-même, avec l'autre et avec le monde ; là, il sera question d'agape et du rituel d'accueil au 18e degré.

Rouge, *porneia*, *pothos* et mania-pathé

Le premier terme pour dire l'amour c'est la *porneia* ; cet amour-appétit résonne dans des phrases comme « j'ai envie de te bouffer » ou encore « je vais te bouffer ceci ou cela ». Il s'agit en réalité de l'amour du bébé pour sa mère ; il la mange ; ce qu'il aime c'est son lait, sa chaleur ; pour un enfant c'est magnifique d'aimer seulement comme cela ; pour un homme de 40, 50 ou 60 ans, c'est plus problématique. Là, deux remarques s'imposent : a) *porneia* est de la famille de *porné*, prostituée ; la *porné* est celle qui assouvit la *porneia*. D'une manière plus globale, l'amour, souché dans la pulsion, noue des liens insécables avec la prostitution et le rouge. En effet, le quartier chaud d'Amsterdam, où les dames attendent dans des vitrines à lumière rouge, a d'ailleurs été surnommé le quartier rouge. En outre, dès le Moyen Âge, les prostitués étaient sommées de porter des vêtements criards souvent rouges et, dès le 19e siècle, le rouge des lanternes indiquait les lupanars. On signale également que Marie-Madeleine, la pécheresse repentie, a souvent été représentée avec une robe rouge.

Je poursuis mon exploration de l'amour en grec. L'élan pulsionnel, s'il renonce à l'amour tarifé, peut se déployer quasi mécaniquement dans le *pothos*, l'amour-besoin (« tu es tout pour moi et je suis tout pour moi ») ou encore le *mania-pathé* (amour-passion ; « tu es à moi, rien qu'à moi »). En ce lieu, le rouge fait clairement signe vers la passion dévastatrice ; sous les feux de la passion, les cendres ne sont pas loin ; celui qui aime d'une manière inconditionnelle ne peut que souffrir, dans le sens où la jalousie et le désir de possession seront les deux mauvais compagnons de ce visage de l'amour. La passion revêt souvent un caractère infernal ; on se rappelle alors que, dans la Bible, le rouge et l'enfer sont souvent associés ; au 17e chapitre de l'Apocalypse, Babylone, la prostituée, est vêtue de rouge et chevauche un dragon à sept têtes, aussi rouge que monstrueux : « le dragon est rouge » (Apo 17 3-4).

Englué dans l'*enfer-me-ment* égologique, ne voulant que bouffer l'autre, le posséder, l'être de la *pornéia* du *potos* et du *mania-pathé* l'est assurément. En témoignent des attitudes comme « je te veux, alors je t'en veux » ou alors « tu me fuis, alors je te suis ; je te fuis, alors tu me fuis ». Dans ces trois premiers visages, l'amoureux aime comme l'enfant aime sa mère ; l'autre est pour lui une nourriture qui doit combler son manque ; l'amoureux a faim, il est dans une demande jamais rassasiée et vouée à l'échec. Il convient cependant d'être vigilant : le rouge ne saurait, c'est évident, être réductible à une passion destructrice, à un feu qui n'a rien de comparable « au feu de l'initié » qu'évoque le rituel d'accueil du 18e degré, feu sur lequel nous reviendrons bientôt ; l'association du rouge à l'*éros* milite dans le sens de notre propos.

Le rouge, l'*éros* et la *philia*

Socrate rappelle dans *Le Banquet* de Platon qu'Éros est fils de Penia et de Poros ; à sa mère, Penia la mortelle, il a emprunté la pauvreté, le manque et à son père, la malice, l'espièglerie, la joie. Éros est plein de manque et d'intelligence séductionnelle ; on se rappelle aussi qu'Éros est représenté comme un ange ou un jeune dieu ailé. Cela signifie à mes yeux qu'avec l'*éros* on quitte la sphère du besoin et de la demande pour s'élever vers le désir : avec l'*éros*, l'amour s'humanise.

Si les trois premiers visages concernent le fornicateur, l'éros désigne plus le séducteur qui, en dépit de ses limites, comprend que l'autre existe en tant que tel même s'il reste un sujet à séduire donc un désir à manipuler. Certes le séducteur (Don Juan, Casanova) désire le désir de l'autre, mais, ce faisant, il est moins dans le besoin que le fornicateur, car il sait qu'il a en face un désir, une personne ; le séducteur ajoute de l'intelligence (en tout cas une forme de) à l'instinct du fornicateur. Avec l'*éros*, nous ne sommes plus seulement des bêtes ; c'est le rouge de la séduction, de la singularisation.

Pour ma part, j'associerai ce rouge aux chaussures Lou Boutin, au fil rouge que les Merveilleuses mettaient autour du cou ou encore au talon rouge des chaussures des Macaronis. Ces derniers ne sont pas des Italiens, mais de jeunes Anglais du 18e siècle qui, par refus du look de l'aristocratie britannique, s'affublaient de tenues italianisantes et francisantes. Les Merveilleuses sont, sous le Directoire, des jeunes femmes pas trop républicaines surtout soucieuses de fêtes et de plaisirs, de séduction et de provocation. Leur fil ou ruban rouge noué autour du cou figure en effet le pointillé guidant la lame d'une guillotine imaginaire. Le rouge de l'*éros* c'est aussi celui du plaisir ; Pastoureau rappelle d'ailleurs dans son ouvrage consacré à la couleur que les sous-vêtements féminins rouges sont les plus prisés par les hommes et que les bonbons rouges sont les préférés des enfants.

Si l'*éros* qui va de l'inférieur vers le supérieur, de l'amour des beaux corps à celui des belles âmes, s'il met de l'intelligence dans la *pornéia*, il reste frappé du sceau du manque. Ce dernier est minoré par un autre visage de l'amour : la *philia* ; sorte d'amour-amitié, il suppose et implique de la *storge* (tendresse) et procure de l'*harmonia* (harmonie). Dans la *philia*, l'amour se déplie dans l'échange ; je donne, je reçois. Dans la *philia*, qui peut être l'amour entre amis, l'amour d'un père pour sa fille ou son fils, ce qui est primordial ici ce n'est plus la demande, le besoin ni même la séduction, c'est l'entente, l'attention portée à l'autre et l'harmonie liée à cette forme d'échange ; « c'est beau la vie quand l'amour nous enveloppe » pourrait être le credo au barreau de l'échelle amoureuse…

On pourrait dire avec un peu d'audace interprétative que le rouge de la *philia* est le degré supérieur du rouge nouant des liens intimes avec la beauté charnelle. En effet le rouge a parfois été la couleur de la beauté charnelle, et du bon goût. Prenons plusieurs exemples : les romans de chevalerie nous donnent une idée de ce qu'est la beauté féminine des 12e et 13e siècles. Une belle femme se doit d'avoir les cheveux blonds, les yeux bleus, les sourcils bruns et doit proposer un teint clair contrastant avec le rouge des lèvres ou des pommettes. Dans cette perspective, le rouge est renforcé par différents fards dont les dames de bonne société font bon usage. La mode et le bon goût sont alors aux lèvres d'un rouge clair et vif faisant contraste avec le blanc des joues. Pour prendre un exemple un peu plus proche de nous, je convoque une date : 1927. Cette année-là, le chimiste Paul Beaudecroux invente un rouge à lèvres indélébile qui résiste au baiser ; de couleur vive et agressive, il sera promu par des artistes comme Nathalie Wood ou Audrey Hepburn, incarnations de la beauté de ces années-là. Enfin, pour montrer que le rouge n'est pas étranger à la beauté masculine, on se contentera de dire qu'Habit Rouge de Guerlain figure en bonne place au classement des parfums masculins. Attention cependant : si le rouge fait signe vers la beauté charnelle, il donne également à penser la beauté spirituelle ; d'où le dernier moment consacré à l'*agapé*.

L'*agapé*

Au-delà de la *philia,* il y a l'*agapé* ; quand j'aime un ami, j'attends de lui qu'il m'écoute, qu'il me rende ce qu'il me donne ; l'*agapé* est un amour gratuit auquel croient peu d'ailleurs les psychanalystes ou les spinosistes orthodoxes ; quel est alors l'indice majeur de l'*agapé* ? C'est aimer ses ennemis. On reconnaît là l'*éthos* du christianisme[61] et en effet l'*agapé* (116 occurrences du terme dans la Bible) est bien un terme d'origine chrétienne. Introduit dans la Bible par les traducteurs grecs pour minorer l'usage du mot *éros*, trop sexuel, trop charnel, le sujet dynamisé par l'*agapé* a le cœur en feu.

---

[61] *Cf.* Matthieu, 5, 44 ou Luc 6-27.

Mais qu'est-ce à dire ? Le cœur n'est pas l'organe sentimentaliste auquel on l'associe trop souvent ; il est chez les penseurs chrétiens (Augustin ou Pascal par exemple) la capacité première d'éveil et de vibration à la vérité qui tire l'homme vers le haut, à la vérité, qui lui autorise une croissance d'être. Pascal décrira le cœur comme une dynamique qui nous élève et que nous ne pouvons réprimer ; un sujet dont le cœur, sous le fouet de l'*agapé* et de ses deux lieutenants – *l'eunoia* (l'amour dévouement) et le *charis* (la reconnaissance de la grâce d'aimer) – fluidifie, éclaire, donne davantage sens à la relation, à soi-même aux autres et au monde. L'*agapé* est en réalité associée au rouge de la beauté et de l'éclat spirituel, car il donne du souffle et met des ailes à celui qui en subit l'assaut ; l'*agapé* est dès lors associée au rouge qui célèbre l'amour mystique. C'est le rouge feu par lequel, dans l'Ancien Testament, Yahvé se manifeste (Exode 3-2). Dans le Nouveau Testament, ce même rouge-feu représente l'Esprit saint, qui selon la parole du credo donne la vie ; le jour de la Pentecôte, il tombe sur les apôtres sous la forme de langue de feu (Actes 2 1-4). Un tel rouge anime, brille régénère ; il s'opposa ainsi au rouge de la bête de l'Apocalypse qui trompe, ravage et détruit. Le rouge-feu des langues de la Pentecôte est associé à l'amour du Christ pour les hommes (*caritas*) et aussi à l'amour que le Chrétien doit à son prochain. En régime chrétien, le sang, comme le feu, donne à penser un rouge ambivalent. Zoomant uniquement sur la bonne part du sang, on dira seulement ici que le culte du saint sang c'est à dire du sang que le Christ a versé sur la Croix, est plus que central en christianisme ; le sang du Christ, d'un rouge particulier selon certains auteurs chrétiens[62] a en effet en

---

[62] Michel Pastoureau, *Rouge. Histoire d'une couleur*, Seuil, Paris, 2000. Voir le chapitre « Le rouge des pères ».

effet été versé « pour la multitude en rémission des péchés » ; c'est ce que rappelle le rite eucharistique.

Néanmoins, en ce lieu, je vais m'intéresser à autre chose et rester uniquement sur le rouge-feu, en m'interrogeant de la manière qui suit : comment la franc-maçonnerie s'est-elle approprié le rouge feu de l'*agapé*, notion si chrétienne, s'il en est. J'interroge le rituel : « le feu est un principe de vie qui anime tous les êtres [...] la sublime charité, l'amour inconditionnel de toute vie ; n'est-elle pas un feu qui embrasse le cœur des initiés qui les pousse à remédier aux injustices [...] à faire régner l'ordre sur le chaos, à exalter les nobles sentiments, en un mot, à rénover la société des hommes ». Là, deux remarques et une question s'imposent : a) le feu est sacré dans le sens où il fait signe vers quelque chose qui me dépasse infiniment et qui en même temps me touche intimement ; b) la charité, dont il est question dans le texte, est comme l'*agapé* originelle, associée au rouge-feu de la beauté spirituelle ; c) à défaut d'être chrétien, le 18e grade est, de par sa couleur, assurément christique ; affirmer ceci, c'est se rappeler que le christianisme, même s'il entretient une relation privilégiée avec lui, n'a pas la propriété de Jésus-Christ... On peut donc distinguer les valeurs christiques des valeurs chrétiennes. Cette valeur christique, elle, se distribue dans bien des symboles du 18e grade. En témoigne le pélican, la rose, la croix ou même le sphinx. Voilà, je passe à la conclusion.

Porneia, *mania-pathé*, *potos*, *éros*, *philia*, *storgé*, *harmonia*, *eunoia*, *charis* et *agapé* ; voilà les dix barreaux de l'échelle amoureuse ; ces barreaux sont autant de mots pour dire l'amour. Que retenir ? Quatre points. Le grec est plus riche que le français pour dire l'amour. L'*agapé* est la dynamique la plus féconde pour injecter du sens, c'est-à-dire de la signification et de la direction dans la *porneia* ; d'une manière plus globale, *l'agapé* passe par les autres formes pour le mieux les dépasser ; il les dépasse, mais les intègre. *In fine*, l'amour-*agapé* ressemble à un mille feuilles où il est bien difficile de discerner telle ou et elle couche, qui en réalité n'ont de cesse de s'interpénétrer.

Cela signifie que ces barreaux, nous n'avons de cesse de les monter et de les descendre ; la dynamique n'est pas seulement ascensionnelle ; « la nature a des allées et venues », disait Pascal ; l'amour aussi. Une chose est sûre : ces dix manières de dire l'amour nous ont donné à penser les significations plurielles que pouvait nous donner à voir et à penser la couleur rouge et à comprendre que le rouge du 18e degré était une sorte d'*agapé* offerte et proposée à ceux qui croient au ciel et à ceux qui n'y croient pas. *In fine*, je dirai que l'*agapé,* proposée par le 18e grade, donne plus à penser une éthique du *care*, ou une éthique de la considération, qu'un amour au sens chrétien du terme ; reste encore à distinguer l'éthique du *care* de celle de la considération ; cette distinction pourrait faire l'objet d'un autre travail.

Chapitre 4 : qu'est-ce que la parole perdue ?

Comment, ai-je, au cours de mon cheminement maçonnique été confronté au symbolisme de la parole perdue ? C'est la problématique de ce travail. Pour la prendre en charge, je vais, après avoir scruté l'expression « parole perdue », mettre d'abord en rapport ledit symbolisme avec mes acquis en loges bleues, en atelier de perfection ensuite, au chapitre enfin. D'emblée, une précision s'impose : dans cette table burinée je vais, comme le libellé du sujet m'y invite, me déployer en symbolisme ce qui signifie qu'en utilisant des analogies et des correspondances, liant le visible à l'invisible, des formes concrètes à des réalités abstraites, j'entends mobiliser mon imagination pour serrer de près la notion de parole perdue. Montrer comment et pourquoi, à mes yeux, la quête de la parole perdue constitue l'*éthos* du cheminement maçonnique et faire surgir l'idée selon laquelle l'intériorisation/appropriation continuée du savoir symbolico-traditionnel reçu à chaque grade revient à construire le temple[63] au dedans (perfectionnement moral et intellectuel personnel) et en dehors de soi (humanité plus tolérante, plus humaniste), sont les tâches ultimes que je me donne.

Approche exploratoire générale de la notion de parole perdue

Parole vient du mot latin *parabola* (comparaison, similitude). Le terme a donné naissance au mot parabole,

---

[63] Par temple, j'entends en conséquence projet maçonnique dans son ensemble

cette variété de l'allégorie. Étymologiquement la parole est donc parabole à savoir une figure de style supposant et impliquant irrémédiablement un déchiffrement du sens. Les premières occurrences du verbe perdre (en français) renvoient quant à elles à l'idée de « perdre une partie de soi-même »[64]. D'où une intuition que je vais tenter de passer au tamis de la rationalité.

À mes yeux, la parole perdue est une expression qui figure un lien perdu avec la transcendance, transcendance étant entendue ici au seul sens ricoeurien de sortie de soi. Si la parole est perdue, cela signifie que le Maçon se trouve *a priori* privé de la capacité humaine très humaine à sortir de lui-même ; cela veut dire qu'*a priori* il serait délesté de son aptitude à se désengluer d'un moi lové dans ses instincts, rivés à ses besoins, qu'il serait inapte à faire le voyage le conduisant du moi illusoire au moi plénier, bref qu'il serait incapable de tailler de manière féconde sa pierre brute. Le régime hébraïque dirait par exemple qu'il est condamné à être englué dans le *mahala*, enfer-me-ment égologique. Si l'on file la métaphore hébraïque, on dira alors que l'homme – *a-dam* : *aleph-dam* en hébreu – est incapable de faire en sorte que l'*aleph* (lumière, transcendance, Dieu…) apprivoise le *dam* (sang et par extension ténèbres).

On conclura alors que l'homme sans parole est celui qui est incapable d'humaniser son *dam* ; privé de la lettre *aleph*, il reste en effet une créature assoiffée de sang,

---

[64] *Cf.* Centre National des Ressources Lexicales – cnrtl.fr ; le dictionnaire écrit que les premières occurrences du verbe « perdre » désignent le fait de « perdre une partie importante de soi- même ». Je vais montrer que la quête de la parole perdue vise à nous réconcilier avec notre dimension hiramique dont nous avons été privés ; j'y reviens dans ce premier moment en évoquant les origines de la perte en franc-maçonnerie.

incapable de bien penser pour mieux agir et de bien agir pour mieux penser ; on se rappelle en effet ici que *davar* (hébreu) signifie certes parole, verbe, mais aussi acte. Le cœur de l'homme demeure ainsi enténébré et son mode d'être reste frappé du sceau du superficiel pulsionnel. Une telle condition est naturellement celle de la chute, chute racontée dans le pittoresque récit de la genèse. Reste alors à s'interroger sur l'origine de la tragédie maçonnique de la parole perdue. Liée au meurtre, la notion de parole perdue l'est assurément.

Je m'explique : Hiram symbolise la dimension diurne, lumineuse de mon être ; il est souffle (*pneuma* en grec, *spiritus* en latin) de vie, spiritualité en acte ; assassiné, il rend son dernier souffle. Corollairement et symboliquement, son meurtre prive le Maçon que je suis de son souffle, de sa dimension spirituelle qui n'est rien d'autre qu'une capacité à devenir autre grâce à l'altérité (du latin *alter* – ce qui nous transforme ; l'altérité prenant en franc-maçonnerie le visage des frères et de la tradition qui véhicule mythes, rites, et textes…). Les commandes de mon être semblent alors revenir alors aux mauvais compagnons, qui sont mes dimensions nocturnes. Le maçon est-il pour autant condamné à errer dans les ténèbres, à mettre un genou à terre devant l'idole qu'est le *dam* ou à subir l'assaut permanent des mauvais compagnons ? Tel n'est pas mon avis ! Le Maçon possède un reste de sa grandeur hiramique originelle ; dit autrement, si la parole est perdue, il en reste une trace.

Là encore, la tradition hébraïque éclaire mon propos ; en témoigne la catégorie de *tsim tsoum* : comme Dieu s'est retiré de la création en y laissant sa trace, comme Dieu demeure présent dans son absence, la parole est certes perdue, mais elle est présente par la conscience de cette perte. En cette matière, on retient que l'expression de parole perdue apparaît dans certains rituels du 3e degré. Pour exemple, au rite écossais de la mère loge écossaise de l'Orient d'Avignon de 1774, on peut lire : « Pourquoi vous a fait on voyager ? Pour chercher ce qui a été perdu. Qu'est-ce qui a été perdu ? La parole de maître. Comment la parole fut-elle perdue ? Par la mort de notre respectable Maître Hiram ». La question qui se pose alors est la suivante : comment et pourquoi dans ma trajectoire maçonnique ai-je été conduit à me rapporter symboliquement à la notion de parole perdue ? Solliciter des pointes de mon parcours maçonnique me permet de prendre en charge l'interrogation.

Symbolique de la parole perdue dans les deux premiers grades

La parole perdue est la quête d'une parole (au sens de *logos* et de *davar*) destinée à mieux fluidifier ma relation à moi-même aux autres et au monde ; c'est ce que m'ont enseigné les deux premiers grades. Je m'explique et me justifie après avoir signalé qu'un grade est reçu[65] par un frère, alors qu'un degré est le niveau dans lequel se situe ce grade dans un rite maçonnique particulier. Au sens littéral, j'ai, au grade d'apprenti, perdu la parole. Je n'ai donc pas pu m'exprimer verbalement. Ce déficit a figuré analogiquement, a symbolisé ce que pouvait être, en régime existentiel, le manque de souffle ; dit autrement, la parole perdue littéralement m'a donné à comprendre que sans le

[65] Le champ lexical de la réception noue, en franc-maçonnerie, des liens insécables avec celui de la transmission ; j'ai reçu un grade donc la tradition incarnée par les frères m'a instruit. Cela signifie que la maçonnerie honore parfaitement l'étymologie du mot tradition qui vient de *tradere* « faire passer à un autre, livrer ». Je montre bientôt, en distinguant la parole parlée de la parole parlante, que cette transmission est située aux antipodes de l'enseignement répétitif et/ou des dogmes infaillibles.

souffle d'une parole vivifiante (*éthos* de la parole perdue liée à Hiram), mon horizon de sens se rétrécissait irrémédiablement et que la vérité de mon moi plénier aurait bien du mal à trouver une expression. Une méditation sur les mots silence et écoute élaborent l'intelligence de ce constat ; je m'explique.

En hébreu le mot silence se dit *dmamah*. Bâtie à partir des mots *ma* (eau) et *dam* (sang), il tendrait à signifier par son étymologie que le silence participe de l'eau et du sang. Pour ma part, j'ai honoré d'une certaine manière cette étymologie dans la mesure où j'ai sué sang et eau pendant cette période d'apprentissage… Pour prendre mon mal en patience, j'ai, cette année-là, beaucoup réfléchi sur la notion d'écoute. « Écoute » en hébreu se dit *shema* ; dans le mot *shéma* (écoute) il y a le mot *shem* (nom) ; or celui-ci est construit sur la même racine que le mot *sham* (là-bas) – dans les deux cas, on trouve la racine *shm* – ; ici, l'hébreu nous indique un lien intime entre l'identité (le nom) et le là-bas. En d'autres termes, la proximité des termes *shem* et *sham* nous donne à comprendre que la construction identitaire est une invitation permanente au voyage, bref, que notre nom propre (notre identité) est toujours au-devant de nous.

Or là, une remarque de bon sens s'impose : pour entendre l'appel de notre nom, un minimum de silence s'impose ; d'où mon appréhension de la catégorie d'écoute : la parole perdue, au sens littéral, m'a en conséquence invité à saisir, grâce à mes ruminations sur les catégories de silence et d'écoute, que la quête de la parole perdue (au sens symbolique cette fois) pouvait être associée à une quête identitaire qui, tout en étant intime, n'était pas intimiste. En témoigne le couple fil à plomb/niveau qui indique que ce que l'on va chercher de bien au fond de soi on doit le distribuer dans l'horizontalité du monde ; « commence par toi, mais ne te prends pas pour but », disait

Martin Buber… La sollicitation du niveau m'invite à rapporter le deuxième grade à la notion de parole perdue ; dans cette perspective je propose une réflexion sur la formule « tu as la parole mon frère ».

Cette formule m'autorise à distinguer la parole parlante de la parole parlée (ce que je vais tout de suite faire) et m'aide à comprendre que la parole parlante peut toujours se perdre sous les bruits de bouche de la parole parlée. La parole n'a peut-être pas été perdue, mais simplement occultée, elle est en chacun de nous, mais il faut la découvrir. Chercher la parole perdue c'est chercher la parole parlante et, chercher la parole parlante, c'est chercher de manière permanente la vérité et, par le fait même, aller au-delà de la parole parlée…

Qu'est-ce qui distingue donc la parole parlée de la parole parlante ? La parole parlée est d'un usage commode et utile, mais elle est aussi et surtout passive dans le sens où elle se contente de réciter de la signification déjà proférée ; la parole parlée c'est le « bonjour ça va ? » des commerçants, mais c'est aussi en franc-maçonnerie, entre autres exemples, une interprétation symbolique mille fois réalisée. Dans la parole parlée, le sujet est seulement répétiteur du sens. En ce régime, il ne réinvente pas le cadeau qu'est l'instruction maçonnique, ne le met pas en mouvement et trahit ainsi la tradition pour se déployer dans le traditionalisme répétitif, cette maladie sénile de la tradition vivante. Toute autre est la parole parlante.

La parole parlante, créatrice, innovante est éclatement du déjà-là ; elle vient balbutier que tout n'est pas figé, enclos dans la mort de l'instant, sans ascendance ni descendance ; elle fait saillir du nouveau en matière de significations et hurle que *chaque un* a la possibilité de doter un symbole ou un texte de significations nouvelles ; elle nous apprend que le sens d'un texte ou d'un symbole n'est jamais figé, mais toujours à venir. Le risque est grand cependant de voir, je le répète, la parole parlante se perdre sous le brouhaha de la parole parlée ; la formule « tu as la parole mon frère » fait donc signe, à sa manière, vers une acception de la parole perdue (la parole perdue est forcément une parole parlante) qui est toujours menacée par la langue morte, sans souffle, de la parole parlée.

Contrairement à la parole parlante qui témoigne d'une appropriation, d'une vraie compréhension (*cum-prendere* ; prendre avec soi) de l'enseignement reçu, la parole parlée ne possède pas d'accent de vérité. Pour exemple, connaître le langage maçonnique c'est bien, mais en *co-naître* (naître avec et donc changer de sensibilité, de rationalité, et de praxis de façon à être plus en harmonie dans l'être, le dire et le faire avec l'horizon de sens proposé par l'enseignement reçu) le sens profond, l'intérioriser c'est beaucoup mieux. Sans intériorisation du sens, générateur d'accent de vérité, la langue morte des bouches cadavres l'emporte ; voilà l'interprétation que je fais du passage du livre des Juges [66] qui évoque le mot *schibboleth*, le mot de passe du 2e grade.

En ce lieu, une précision s'impose à nouveau : de visée performative, la parole parlante doit se donner pour but de peser sur le monde. C'est, en effet, en construisant le temple littéral et symbolique (une humanité plus tolérante, plus humaniste en moi et en dehors de moi, en société) et pas en étant perdu dans les nuées d'Aristophane (autrement la parole prônant les idéaux de justice et de fraternité resterait lettre morte) que le Maître a été assassiné. Ce dernier point me conduit à réfléchir sur le troisième grade qui évoque la mort d'Hiram et sur le deuil qui s'ensuit.

---

[66] Juges,12, 1-6.

Symbolique de la parole perdue du 3e au 14e degré

Au 3e grade, on rencontre la distinction parole perdue/parole substituée ; Hiram a emmené avec lui, dans son voyage vers l'Orient éternel, le mystère de ladite parole. Il faut toutefois que l'histoire continue ; d'où l'invention d'une parole substituée : celle-ci autorise la poursuite de la quête. Je précise : la mort d'Hiram nous a libérés en réalité d'une vérité imposée, d'un chemin tout tracé ; nous nous retrouvons nus devant l'immensité de l'avenir, ballottés dans un océan d'incertitudes, tiraillés par nos pulsions obscures. Mais c'est le prix de notre liberté, rien ne nous est imposé.

Le sens de ces considérations est clair : en franc-maçonnerie, le chemin que l'on prend est celui qu'on invente… avec l'aide de la tradition qui propose sans imposer. Plaide en ce sens la grande route du devoir sur laquelle nous jette le 4e degré. Pour mener à bien ladite quête visant à se rapporter toujours un peu moins mal à nous-mêmes, aux autres et au monde, le quatrième degré va retrouver la distinction parole parlée/parole parlante. En témoigne la symbolique du voile : « vous ne prendrez pas le mot pour des idées et vous vous efforcerez toujours de découvrir l'idée sous le symbole ».

Eu égard à ce que nous avons dit précédemment, on peut admettre que le mot et le symbole sont des voiles de l'idée, bref, que l'idée apparaît érotiquement (sous le mode de la présence-absente) sous le voile du symbole ou des mots. Le mot comme le symbole sont des visibles faisant signe vers un invisible. On pourrait dire que le symbole est le voile d'un sens toujours et encore à faire surgir. Qu'est-ce qui m'autorise à dire ceci ? Une phrase du rituel : « la vérité absolue est inaccessible à l'esprit humain ; il s'en approche sans cesse, mais ne l'atteint jamais », cela signifie dans mon langage qu'il y a bien une érotique de la vérité, d'une part, et, d'autre part, qu'on ne peut que caresser érotiquement la vérité. Je m'explique : la caresse, notion que j'emprunte à Emmanuel Levinas est un anti-concept. « Elle est un jeu avec quelque chose qui se dérobe toujours [...] non pas ce qui peut devenir nôtre et nous, mais avec quelque chose d'autre, toujours autre[67] ». La caresse dit l'impossibilité d'*enfer-mer* la vérité dans le *main-tenant* d'une définition figée ; dans la caresse, où les doigts sont tendus vers l'avenir, je ne perçois pas la vérité comme une vérité posée-là, mais comme une dynamique que j'ai toujours et encore – grâce aux autres – à découvrir et à dévoiler.

Si la parole perdue nous est donnée à penser implicitement par le voile, elle nous est donnée à comprendre explicitement au 13e degré. En ce lieu, c'est sous la forme de lettres échangées pour reconstruire un mot que les maîtres maçons découvrent la parole perdue sous la forme d'un tétragramme qu'on ne peut qu'épeler IOD-HE-VAV-HE. Cette découverte a lieu au plus profond de la voûte sacrée, c'est-à-dire au fond de nous-mêmes. Ce titre de Royal Arche me semble être la caractéristique essentielle de ce que nous sommes, c'est-à-dire le Lieu, l'Arche, le Coffre dont nous avons la clef où l'innommable, l'incommunicable est à jamais enfermé.

On comprend peut-être un peu mieux *l'éthos* du devoir ; celui-ci, loin d'être une imposition venue du dehors corseter nos volontés, n'est rien d'autre que l'expression des exigences intimes de la conscience qui sont les traces de notre grandeur originelle et qui en même temps restent à découvrir... Une interrogation relative aux devoirs assignés par les voyages du quatrième degré demeure cependant. Je me justifie : « aime et fais ce qu'il te plaît » ; à la lecture de

---

[67] Emmanuel Lévinas, *Le temps et l'autre* (Arthaud, 1948), Paris, PUF, « Quadrige », n° 43, 1994, p. 82-83.

cette phrase d'Augustin, plusieurs questions me sont venues à l'idée : sans amour, l'obéissance à l'acte de *co-naître* ne devient-elle pas une érudition sèche et sans saveur, la justice ne s'offre-t-elle pas comme une série de lois mécaniques situées aux antipodes du parfum de l'homme, et la rationalité, n'apparaît-elle pas comme un système de pensée froid et mécanique ? Sans amour, peut-on encore accomplir notre devoir consistant à obéir fidèlement à notre dimension hiramique ? Tel n'est pas mon avis ; d'où la nécessité de réfléchir sur le 18e grade.

La parole perdue et le 18e grade

Je récapitule : ce qui a été perdu relève globalement du souffle de vie, tel que je l'ai interprété. Le 18e grade permet d'établir un lien très singulier entre parole perdue et souffle de vie ; ce grade d'amour m'a en effet autorisé une lecture de la bise maçonnique, à laquelle je n'avais jamais pensé préalablement ! À mes yeux, la triple bise maçonnique est une forme édulcorée du baiser amoureux qui n'est rien d'autre qu'un partage du souffle de vie. La bise maçonnique s'offre donc à mes yeux comme une forme du baiser passé au tamis des bonnes mœurs ; elle garde cependant la charge symbolique du baiser ; je précise.

L'échange des langues, caractéristique du baiser, est en effet une expression forte du désir amoureux, car, dans une telle étreinte, les deux amants s'offrent en effet symboliquement et mutuellement du souffle, du souffle de vie. Le terme hébreu *nashak* – le baiser – signifie d'ailleurs, entre autres choses, « partager le même souffle, la même haleine ». On comprend donc ici que souffle et amour nouent des liens d'intimité. Or, le 18e degré qui donne à penser la délivrance par l'acclamation *hosche* (sauveur) – un dérivé de l'hébreu *ozé* qui signifie « force » et par extension « vie » ou encore « force de vie » – laisse d'ailleurs augurer d'une délivrance par l'amour, ce souffle de vie. Je me justifie en faisant appel à votre mémoire :

> « Vous vous êtes dévoués à cette mission difficile et la Foi vous manque ! Prenez courage, apôtres de la vérité : le flambeau de l'Espérance vous éclaire. Encore quelques efforts et vous sortirez des ténèbres, entraînant avec vous vos frères qui attendent. Ainsi parla une voix et nous sentîmes comme un souffle qui nous pénétrait au moment où elle murmura, en s'éloignant, une parole qui fut pour nous la révélation d'une lumière nouvelle. Alors, nous nous levâmes en promettant de ne prononcer cette parole qu'après avoir été consacrés par vous. Puis, l'ayant burinée en caractères ineffaçables, nous la renfermâmes dans un coffret du métal le plus pur. Depuis lors, notre âme reprit sa sérénité. La douce Espérance marchait avec nous et nous sommes accourus pour déposer en vos mains ce coffret qui doit renfermer l'objet de tous vos vœux. Le voici. » Le Maître des Cérémonies prend le coffret des mains du Grand Expert et le porte au Très Sage. Le Très Sage Athirsata : Debout et à l'ordre, Chevaliers ! Il rompt le cachet de cire, ouvre le coffret et le pose sur l'autel. Il en retire le feuillet et épelle le mot : I.N.R.I. « C'est la Parole ! »[68]

Cela nous invite à ausculter ces initiales qui traditionnellement font signe vers deux interprétations ; on remarque d'abord que, comme au 13e degré, la révélation de la parole perdue s'effectue via des lettres séparées (I.N.R.I) ; cela dit, je serre de près les deux interprétations traditionnelles du monogramme I.N.R.I. : c'est d'abord *Jesus Nazarenus Rex Judeorum*, à savoir une inscription latine placardée sur la croix où Jésus de Nazareth, Roi des

---

[68] Rituel de réception au 18ème degré

Juifs, dans l'ironie cruelle des Romains, donne sa vie, par amour, pour l'humanité. I.N.R.I., ainsi interprété, peut éclairer le symbole du Pélican qui donne son sang, c'est-à-dire sa vie, à ses enfants. Dans la réalité, le pélican régurgite ce qu'il a mangé, après l'avoir assimilé, pour donner la becquée à ses enfants. Sur un registre symbolique, on dira également que chaque frère est un pélican en puissance dans le sens où il a le devoir de la transmettre une tradition digérée, assimilée et partant porteuse d'une parole de vie, d'une parole parlante c'est-à-dire en quête de la parole perdue. Mais I.N.R.I. c'est aussi *Igne Natura Renovatur Integra* : la Nature sera renouvelée intégralement par le feu, le feu de l'amour qui renouvelle aussi notre cœur et nous fait renaître autre, plein d'une vie nouvelle, à l'instar du phénix. Voilà… je conclus.

La quête de la parole perdue apparaît *in fine* comme un cheminement d'obédience philosophico/symbolique rythmé par des enseignements donnés et des grades reçus (souvent) lors de cérémonies scénarisées. Démarche initiatique effectuée grâce à une approche interprétative des symboles et à la parole parlante des frères, la quête se donne à penser explicitement au 3e, au 13e et au 18e degré. À la lumière de ces grades, on peut néanmoins relire les deux premiers grades et l'ensemble du parcours 4e/14e. Sur un registre symbolique, la quête de la parole perdue, souchée dans le dernier souffle d'Hiram (sa mort) se confond, à mes yeux, avec celle d'un souffle de vie destiné à fluidifier sa relation à soi-même, aux autres et au monde. Une certitude : réalisée dans le cadre d'une tradition dynamique et vivante, ce cheminement frappé des sceaux de la foi (confiance) en la fertile altérité des frères et de l'espérance en une humanité, en moi et hors de moi, plus éclairée, plus aimante et plus aimable, cette quête personnelle et collective me met en lien avec « quelque chose » qui me dépasse infiniment et qui en même temps me touche intimement… Je souhaite que la quête continue, car la compréhension, l'intériorisation et la mise en actes des savoirs traditionnels reçus restent toujours à parfaire… Le souffle de vie n'est préhensible que via la caresse…

Annexe : qu'est-ce que le spirituel ?

(Le spirituel est un mot qui réunit ce qui est épars)

« Le (mot) spirituel a bonne presse. C'est un mot noble et anoblissant. Il vaporise les doctrines religieuses et légitime les antireligieuses euphémisées en "options spirituelles" [...] L'échappatoire est opportune, car elle permet d'englober dans une même bienséance les frères ennemis que sont fidèles et libre-penseurs. Il est bon de se déclarer antireligieux, il serait fâcheux de se déclarer anti-spirituel[69] ». Le sens du propos de Régis Debray est que la charge positive du mot spirituel n'a d'égale que le flou qui entoure son sens. « À la fin, qu'appelez-vous spiritualité » ? se demande d'ailleurs Guy Coq[70] dans le titre d'un de ses livres, question qui en réalité pourrait ponctuer les propos de Debray. Répondre à la question posée explicitement par Coq va constituer la tâche essentielle de notre présent propos. Pour répondre à la question, commençons par dire que les traditions religieuses sont loin, très loin d'avoir la propriété de la spiritualité. Et ce pour une raison majeure : la spiritualité et l'humanitude, fussent-elles sans Dieu, nouent des liens irréfragables. Dit autrement, entrer dans l'intelligence d'un terme revient à prendre en charge la complexité de l'autre. Comment et pourquoi rapporter la notion de spirituel à celle d'humanitude ?

---

[69] Régis Debray *in Le Point* n° 1693, « Le sens », février 2004, pp. 86-87.

[70] *Panoramique*, 2003.

Première approche du spirituel

« L'homme passe infiniment l'homme » écrit Pascal ; cela signifie en première approximation que l'absolu humain ne peut pas être saisi comme un donné, un dépôt, mais que l'homme est avant tout un mouvement dynamisé par le cœur, dirait-on en langage pascalien. Le sens du propos est clair : si l'on suit Pascal, c'est le cœur qui spiritualise l'homme. Qu'est-ce à dire précisément ? Disons d'abord que la notion de cœur chez Pascal est très difficile à circonscrire ; reste que on peut s'y essayer sans vouloir en ce lieu nourrir la prétention d'épuiser toute la richesse de la notion élaborée par le penseur de Port-Royal.

On pourrait alors commencer par dire que le cœur pascalien, loin d'être l'organe sentimentaliste auquel on l'associe trop souvent, est une dynamique qui nous permet d'apprécier les valeurs, c'est-à-dire le caractère précieux des choses ou des êtres ; à vrai dire, il les discerne en les appréciant : « la raison a beau crier, elle ne peut mettre le prix aux choses ». Cela signifie que pour Pascal c'est au cœur qu'il appartient de juger droit et juste ; sorte de dynamique intérieure, il est ce qui nous permet de nous élancer vers les valeurs. Le cœur est donc d'abord chez Pascal la vibration de l'esprit en présence de la valeur ; mais il y a plus : le cœur est aussi est la capacité première d'éveil et de vibration à la vérité qui tire l'homme vers le haut, qui lui donne du souffle (on se rappelle ici que mot esprit vient du latin *spiritus* qui signifie esprit, souffle) en lui permettant par exemple de comprendre instinctivement ce qui peut le grandir, l'ennoblir. Pour le penseur de Port-Royal, l'homme, tous les hommes sont porteurs de cet élan de grandeur : « nous avons un instinct qui nous élève et que nous ne pouvons réprimer », écrit-il. Sorte de dynamique intérieure n'ayant de cesse de nous grandir, le cœur, appréhendé par Pascal, est sans doute l'une des notions les plus utiles à notre propos visant à définir la notion de spirituel.

Expliquons-nous davantage en convoquant cette fois les acquis de la philosophie contemporaine. L'être premier d'un homme c'est la vie qui lui est donnée, donc sa non-nécessité (il pourrait ne pas être). C'est aussi ce qu'il lui faut pour survivre : nourriture, logement, travail. Mais l'homme est plus grand que ses conditionnements ; l'homme, comme l'animal, doit se nourrir pour survivre ; mais contrairement à lui, il a su, à partir de cette contrainte, créer un art culinaire. La ligne de rupture entre l'homme et l'animal réside en réalité en ceci : l'animal est lié une fois pour toutes à son plan d'identification ; il ne peut le déjouer. L'homme, quant à lui, ne contient pas seulement d'innombrables possibilités de pouvoir être (il n'est pas seulement le résultat, la somme de possibilités), il est aussi et surtout ce qu'il fait des possibilités qui le constituent.

Par ce dépassement permanent vers d'autres situations d'être, il s'inscrit en permanence dans un mouvement de transcendance, c'est-à-dire dans un mouvement permanent de sortie de soi, c'est-à-dire toujours et encore au-delà de ce que la nature et la culture ont fait de lui ; en cela, il apparaît primordialement et irréductiblement comme un être du mouvement vers autre chose que lui. Voilà pourquoi il apparaît comme l'être vivant qui interroge, sous le fouet de son cœur, avec le plus de constance et de permanence, les possibles du réel ; voilà pourquoi il crée des civilisations, institue des mondes dans le déjà-la du monde alors que le chien ou la plante se contentent, peu ou prou, d'un monde institué pour toujours et à jamais. Ce que résume parfaitement Pierre Gire.

> En dépit de ses faiblesses, de ses limitations et de sa finitude (les institués) l'homme porte en lui un extraordinaire pouvoir de dépassement […] c'est ce qu'il est possible

d'appeler la dimension ou la puissance d'infini inscrite en l'être humain. Grâce à celle-ci l'homme transforme la nature en culture, crée de l'inédit, surmonte ses erreurs, lutte contre ses infirmités, s'engage en faveur de grande cause [...] là se trouve sa spécificité dans laquelle s'exprime sa spiritualité.[71]

Par sa constitution même, l'homme trouve toujours le souffle (*spiritus* en latin, *pneuma* en grec, *rouah* en hébreu) d'aller toujours de l'avant et de nourrir de l'intérieur des convictions et des raisons de vivre ; le cœur, ainsi interprété, spiritualise donc l'homme, en donnant un sens, c'est-à-dire une direction et une signification, au mouvement de sortie de soi que nous avons appelé transcendance. Une précision s'impose toutefois ; il va de soi que la dimension spirituelle ainsi interprétée peut être distincte de l'appartenance à une religion instituée. Montrons-le à présent en faisant travailler la notion d'exercices spirituels et en faisant apparaître que le spirituel, loin d'être une activité simplement instinctive (au sens court du mot), requiert ce que Pierre Hadot appelle des exercices spirituels[72].

Le spirituel sans Dieu

Identifier, grâce au cœur, ses valeurs propres est une chose ; les effectuer dans la chair du monde en est une autre ; c'est ce que nous allons voir en faisant travailler la notion d'exercices spirituels. Avant cela une précision s'impose : si l'on suit le dictionnaire de philosophie

---

[71] Pierre Gire, « Religion, culture, éducation, anthropologie du spirituel », *Esprit et vie*, août 1997, pp. 337-338.

[72] Voir Pierre Hadot, *Exercices spirituels et philosophie antique*, Études augustiniennes, Paris, 1981.

Lalande, on relève que la notion de spirituel est liée irréfragablement à celle de religieux. L'association possède-t-elle des fondements historiques ? La réponse est non : il y a eu, avant que la spiritualité en Occident ne devienne le monopole du christianisme, une régulation, un entraînement, de cette capacité de dépassement, de cette puissance d'infini, que nous avons appelé cœur. Certes cette capacité n'était pas qualifiée de la sorte ; reste qu'un regard rétrospectif fourni par les découvertes de la philosophie contemporaine nous permet de dire qu'elle n'en demeurait pas moins au travail dans la mesure où l'homme en tant qu'homme n'a pas attendu le christianisme pour être jeté et pour découvrir son propre horizon de sens ; c'est ce qu'il ressort d'une brève présentation de ce qu'avec Hadot nous nommons exercices spirituels. Quel est donc leur statut ?

Disons d'abord qu'il y a eu avant le christianisme un appel à ce que nous avons baptisé une puissance d'infini inscrite au cœur de tout homme et un entraînement de celle-ci pour donner sens, c'est-à-dire direction, à l'existence toute entière. Ajoutons ensuite que dans l'antiquité grecque, la philosophie ne constituait pas une quête spéculative limitée à l'érudition, mais bien un art de vivre et un exercice spirituel. En ce régime, le philosophe ne spécule pas, il se transforme. Son but n'est pas d'avoir raison ou de changer le monde, mais c'est de se transformer lui-même, et, dans cette transformation, se donner accès à un autre mode de conscience qui lui permettra d'envisager le monde autrement et de collaborer d'une façon plus juste à son devenir. La fécondité de sa parole ne se mesure pas à la satisfaction narcissique qu'elle procure, mais aux possibilités de transformation qu'elle inspire. Le progrès de l'élève, assure par exemple Épictète, ne tient ni dans le nombre de pages de Chrysippe qu'il a lues et comprises, ni dans la prouesse de ses commentaires, mais bien dans la manière dont, peu à peu, il réussit à vouloir et à désirer autrement, comme à agencer ses projets et ses dispositions conformément aux paroles qu'il étudie et professe[73]. Sur ce point Catherine Chalier précise :

> L'érudition et la spéculation en soi laissent l'homme inchangé ; il arrive même qu'elles soient mises au service de passions violentes incompatibles avec un véritable travail sur soi. Pour Épictète, celui qui s'en tient là saisit sans doute beaucoup de choses, mais comme son savoir reste étranger à la vie, il ne mérite pas le nom de philosophe. Pour s'en prévaloir, il faut d'abord faire ce que les meilleures maximes prescrivent, sans s'inquiéter de l'approbation d'un public et des honneurs dont les hommes se gratifient les uns les autres pour un temps éphémère. La philosophie ne peut, sans se pervertir, être confondue avec une quête intellectuelle qui s'accommode d'une existence indifférente ou contraire aux idées qu'elle propose[74].

Le sens du propos de Chalier est que philosopher c'est penser sa vie et vivre sa pensée et que ce double mouvement spécifie la spiritualisation de l'existence. En d'autres mots, comme le dit Jean-Yves Leloup : « le vrai philosophe désigne [dès l'Antiquité] celui qui [...] fait ce qu'il dit, qui dit ce qu'il pense, et qui pense ce qu'il est[75] ». Le vrai philosophe, celui qui autant que faire se peut identifie ses valeurs et tente de les faire vivre, s'oppose en ce sens à l'érudit qui spécule pour le simple plaisir de spéculer.

---

[73] Voir Épictète (trad. Joseph Souilhé), *Entretiens : Livres I à IV*, Paris, Les Belles Lettres, coll. « Collection des Universités de France », 1943-1991.

[74] *L'inspiration du philosophe*, éd. Albin Michel, Paris, 1996, pp 23-24.

[75] *Introduction aux vrais philosophes*, éd. Albin Michel, Paris, 2014, p. 7.

Le philosophe spirituel, contrairement à une certaine sophistique, s'efforce en conséquence autant que faire se peut de réduire l'écart entre le faire et le dire, le dire et la pensée, la pensée et l'être. On comprend dès lors pourquoi chez ce type de philosophe, le spéculatif s'accompagne toujours de pratique ou, pour être plus précis, le spéculatif est d'abord fondement d'une pratique de vie. Philosophie et le spirituel ainsi interprétés revêtent incontestablement une dimension thérapeutique.

La dimension thérapeutique des exercices spirituels

L'écart entre le faire et le dire, le dire et la pensée, la pensée et l'être est source de malaise pour soi ; si on ne s'efforce pas de devenir ce que l'on pense être, alors, comme le dit Épicure nous ravitaillons la peste (*loimos*), la maladie qui nous déchire. Puisque réduire cet écart est l'œuvre du philosophe, on peut comprendre alors que pour Épicure, la philosophie soit fondamentalement thérapeutique. Le plus célèbre de ses écrits, la lettre à Ménécée, s'ouvre par exemple par une exhortation de la philosophie qui est en même temps une exhortation à se préoccuper de la santé de l'âme. La tradition épicurienne n'aura de cesse quant à elle de prétendre détenir les remèdes propres à rétablir cette santé. Dans un fragment bien connu, Philodème, disciple d'Épicure, propose par exemple un quadruple remède (*tertrapharmakos*) qui correspond aux pensées maîtresses d'Épicure et qui visent en réalité à présenter les remèdes du salut de l'âme.

Il est vide le discours du philosophe qui ne soigne aucune affection humaine. De même, en effet qu'une médecine qui ne chasse pas les maladies du corps n'est d'aucune utilité, de même aussi une philosophie qui ne chasse pas l'affection de l'âme (les *loimos*). Sans s'attarder ici sur les remèdes d'Épicure, disons simplement ceci :

guérir quelqu'un c'est le faire respirer en observant toutes les tensions, blocages et fermeture qui empêchent la libre circulation du souffle, c'est-à-dire, au sens étymologique, l'épanouissement de l'esprit dans le corps. Le rôle du philosophe thérapeute sera donc de dénouer ces nœuds de l'esprit, qui sont autant d'entraves à l'intelligence créative dans le corps animé de l'homme.

Ce faisant, en tentant d'éclairer l'homme sur le vrai et le juste, la philosophie antique nous renseigne sur la nature de ce que nous avons appelé la puissance d'infini inscrite au cœur de tout être. On pourrait en conséquence, dans le souci de faire saillir les présupposés de la philosophie antique, en ce lieu de notre étude écrire ceci : il faut connaître le vrai pour régler sa vie, pour se choisir une morale ; or cette connaissance répond à un vœu si profond de l'homme qu'il ne saurait être heureux sans elle.

Intiment lié à notre soif de vérité, le bonheur, ou souverain bien chez les anciens, qui correspond à l'union du bonheur et de la vertu, constitue pour eux l'élan fondamental de l'âme vers sa fin ; antérieure à toutes les expériences, la puissance d'infini constitue en ce sens le fondement de tous les mouvements de la volonté. L'homme est donc condamné à être malheureux s'il ne régule pas ladite dynamique intérieure ; certes, les exercices et même les buts diffèrent d'une école à l'autre ; l'*ataraxia* (absence de troubles de l'âme) épicurienne n'est pas l'*apathéia* (totale maîtrise de la raison) stoïcienne. Reste que, dans un cas comme dans l'autre, il s'agit bien de réguler, d'entraîner, de donner un sens à cette capacité de dépassement que possède chaque homme. Si le religieux n'a pas la propriété du spirituel ainsi interprété, il serait frivole et insensé de considérer qu'il ne prend pas en charge, à sa manière propre, la dynamique intérieure et spirituelle que nous avons associée à l'humanitude.

Le spirituel et le religieux

Si le spirituel consiste à régler la dimension intérieure qui spécifie l'humanitude dans une posture d'être visant toujours et encore à réduire l'écart entre l'être, la pensée, le dire et le faire, alors les liens qu'il établit avec le religieux semblent irréfragables ; plaident en ce sens les propos de Matthieu Ricard, ex-chercheur scientifique de haut vol converti au bouddhisme :

> Parmi les nombreux sages qui ont consacré leur vie à la contemplation, comme mon maître Khysenté Rinpotché, certains atteignent une exceptionnelle maîtrise de l'Esprit [...] J'ai passé vingt ans auprès de certains de ces maîtres qui affirment qu'il existe une conscience immatérielle [...] Ce sont des personnes que je n'ai jamais entendues mentir, qui n'ont jamais trompé quiconque, chez qui je n'ai jamais décelé la moindre pensée, action, parole ou actions nuisibles envers autrui. Il est donc plus raisonnable, me semble-t-il, de leur accorder foi que de conclure qu'ils racontent des blagues. De même, lorsque le bouddha dit que la mort n'est qu'une étape de la vie et que la conscience se poursuit après la mort, nous n'avons pas la faculté de percevoir cette conscience nous-mêmes, mais étant donné que tous les propos vérifiables et les enseignements du bouddha semblent véridiques et raisonnables, il est plus probable qu'il exprime la vérité que le contraire[76].

Le sens des propos de Ricard qui mériterait un long commentaire est en réalité le suivant : l'être véritablement spirituel enseigne par sa personne autant que par ses dires ; il est lui-même le dit de la sagesse. Dans la Bible, certains personnages, sans être présentés comme la lumière ou la

---

[76] *Le moine et le philosophe*, Nil éditions, Paris, 1997, p. 69.

vérité du monde apparaissent comme des chercheurs avérés de la lumière et des amis de la sagesse incarnée, c'est-à-dire comme des philosophes au sens étymologique du terme. C'est le cas de Jean le Baptiste qui a vécu de la façon la plus stricte et intransigeante ce qu'il a cru et qui n'a pas hésité, au risque de sa vie, de toujours rester fidèle à ses convictions. Lui aussi a clairement fait signe vers le spirituel. En tant que prophète, il a tenté de désencombrer les cœurs de leurs attaches matérielles pour qu'ils soient disposés à rencontrer le Christ, c'est-à-dire en régime chrétien, la parole, le verbe incarné, le *logos* incarné.

Ici, une précision s'impose : *logos* en grec, *davar* en hébreu, signifie intelligence, parole, verbe, information créatrice ; mais attention, le *logos* n'est pas la raison, le verbe ou la parole au sens ordinaire du terme. Le *logos* c'est en réalité la parole créatrice, transformante ; son équivalent hébreu renvoie d'ailleurs au champ lexical de la promesse, du conseil et de l'action. Pour les Sémites, il faut savoir en effet que la parole et l'action ne sont pas séparées ; dire que le christ est *logos* revient donc à signifier qu'il est parole en acte, acte en parole, bref qu'il est un concentré peu commun, si l'on mesure sa parole à l'aune de sa fécondité et de ses aptitudes à la transformation d'énergie spirituelle.

Les exemples du Bouddha et du Christ nous le disent clairement : le spirituel n'est pas primordialement « objet de connaissance » quelque chose à comprendre, mais comme le dit Jean-Yves Leloup « épiphanie d'une présence qui s'offre à une liberté sans rien aliéner de la sienne[77] ». Le Christ comme le Bouddha incarnent dans des gestes de pardon, de tendresse, la vérité de leurs enseignements. Le sens du rappel est que la vraie philosophie, la vraie spiritualité

[77] *Evangile de Jean*, éd. Albin Michel cité *in Introduction aux vrais philosophes*, Albin Michel, 1998, p. 16.

ne s'apprend pas primordialement dans les livres, mais dans les rencontres que nous donne la vie. Dans la tradition juive, elle s'apprend dans la rencontre avec celui qu'on appelle le maître spirituel ou rabbi : « les paroles de la Torah ne s'épanouissent pas par une culture solitaire, tout comme le feu ne prend pas tout seul », lit-on dans le traité talmudique du Taanith (7a). Et qu'est-ce que l'Évangile sinon une série de récits où tout tourne autour de la rencontre et du partage ? Voilà, parvenus au terme de ce second moment, une question se pose immanquablement ; comment le spirituel religieux et le spirituel sans Dieu peuvent-ils entrer en dialogue ?

Le dialogue des deux spirituels

Aujourd'hui chacun a le droit d'organiser sa vie en fonction de ce qu'il juge important et valable. Il faut être sincère avec soi-même et chercher en soi-même son propre épanouissement ; plutôt que de se lamenter sur cet état de fait, ne vaudrait-il pas pour les institutions prendre au mot cet individualisme, repérer les idéaux qui sont à l'œuvre dans notre culture et faire fond sur eux ? Un philosophe contemporain comme le Canadien Charles Taylor a bien repéré la valeur de cet idéal d'authenticité qui est au fond de la culture contemporaine. Pour la culture moderne, nous sommes des êtres d'intériorité doués de profondeurs intimes ; être sincère envers moi-même signifie être fidèle à ma propre originalité.

Et c'est ce que je suis seul à pouvoir dire et découvrir. Contrairement à ceux qui dénoncent trop facilement l'individualisme contemporain, Taylor estime que la sincérité et l'authenticité sont un idéal exigeant. Se définir soi-même, déterminer son originalité, ne peut se faire que par rapport à ce qui est significatif ; or ce qui est significatif ne peut se déterminer par ma seule volonté ; cela se fait dans un dialogue avec d'autres, dans la confrontation avec des horizons d'intelligibilité, des horizons de sens qui proposent des valeurs et de significations qui tracent des chemins de vie. Le Soi acquiert son identité, il prend forme en prenant appui sur des personnes qui comptent.

Le spirituel de nature religieuse a là une carte à jouer ; il est une voie, une voix parmi d'autres qui peut permettre à celui qui tend vers son unicité de mieux élaborer l'intelligence de sa singularité. Est-ce à dire que le spirituel « laïque » et le spirituel religieux ne font qu'une seule et même chose ? Rien n'est moins sûr : pour s'en convaincre, cédons la parole à Régis Debray :

> Comment retracer l'aventure irréversible des civilisations sans prendre en compte le sillage laissé par les grandes religions ? L'effort s'impose d'autant plus que le paradigme de l'économie, les nouvelles technologies et les références à l'entreprise et au management se proposent à l'élève comme le seul et ultime horizon [...] Le stoïcisme comme le bouddhisme relient le moi au tout et au temps [...] simplement les stoïciens n'ont pas édifié de cathédrales, ni rythmé notre année scolaire. Il y a pour nous Occidentaux, une pensée stoïcienne, et c'est heureux, mais il y a cathédrales et calendrier, un fait judéo-chrétien partagé entre croyants et non-croyants qu'on ne peut vouloir effacer de notre champ pratique sans quitter le terrain des réalités.[78]

Le sens du propos est clair : il y a bien historiquement une recherche spirituelle non religieuse qui est communautaire ; pensons à l'académie de Platon, au Lycée d'Aristote, au jardin d'Épicure ; reste que l'être ensemble le plus fécond, qu'on soit croyant ou non, reste bien le fait de la

---

[78] *L'Enseignement du fait religieux dans l'école laïque. Rapport au ministre de l'Éducation nationale*, Paris, Odile Jacob, avril 2002, p. 26.

spiritualité religieuse : que serait l'Inde sans l'hindouisme, l'Europe et les États-Unis sans le judéo-christianisme ou certains pays arabes ou asiatiques sans le Coran ? Cela signifie que la quête spirituelle sous toutes ses formes est humaine donc louable ; reste que, à reléguer la spiritualité religieuse hors des enceintes de la transmission rationnelle, ne court-on pas le risque à très court terme d'une laïcité d'indifférence ?

OUVERTURE

Un nouveau mode déploiement de la modernité est souhaitable

Éloge de l'herméneutique en franc-maçonnerie

Une relation à l'herméneutique telle que nous la propose la franc-maçonnerie nous semble en effet particulièrement faire écho à la phase de la modernité que nous vivons. Notre civilisation a promu le tourisme de masse, la folklorisation des cultures, un divertissement homogène, provenant principalement des États-Unis, ou encore le *globish* au lieu de la diversité des langues. Or, avec cette culture du divertissement, on essaie d'échapper au souci profond qui devrait être le nôtre : celui de prendre conscience de ce qui est réellement important pour les mortels que nous sommes.

Ceci permettrait de retrouver une autre temporalité et de vivre véritablement au présent. Car le présent n'est pas seulement cette limite évanescente entre ce qui n'est plus et ce qui n'est pas encore, mais cette dimension essentielle qui retient en elle tout le passé et anticipe tout l'avenir. C'est ce que ce penseur du temps que fut Husserl nommait justement « présent vivant » pour le distinguer d'un présent « mort » qui se réduirait à cet atome qu'est l'instant abstraitement découpé sur la ligne du temps. Car vivre pleinement dans l'instant, c'est s'ouvrir à la situation qu'on occupe dans le monde et la prendre résolument en charge, comme le soulignait également cet autre penseur du temps qu'est Heidegger. Ce présent vivant qui n'est pas le présentisme ou *carpe diem*, revient à avoir conscience de la synonymie entre présent et cadeau ; découvrir la présence dans le présent, renouer avec l'idée selon laquelle chaque moment peut-être événementiel, bref quitter la sphère du butinage permanent pour goûter aux saveurs de l'installation…

Voilà une manière de quitter le confinement égologique auquel nous convie en permanence le vieux monde et à vivre enfin la post-modernité dont le présent est la dimension temporelle primordiale. Qu'est-ce à dire précisément ? Dans le sillon de grands anciens comme Lyotard et Maffesoli, nous pouvons définir de la manière qui suit : la modernité (XVIIe siècle/milieu du XXe siècle), qui reposait sur l'individualisme, le rationalisme et le progressisme, est saturée. Bien que lente à mourir, sa disparition est certaine. La postmodernité, sans être antimoderne pour autant, substitue un nouveau triptyque à celui de l'époque précédente : le tribalisme (le « nous » des communautés multiples, fondées sur les plaisirs et passions partagés, plutôt que le « je » de l'individu), la raison sensible (ou raisonnable qui cherche à comprendre, à passer par les sens pour aller au sens, à prendre en charge l'intérêt alors que la prédominance de la Raison rationnelle ne cherche que la rigueur mémé si est étrangère à la complexité de l'humain) et la progressivité (différente du progressisme en ceci qu'elle intègre le passé, l'archaïque, la tradition : elle est un « enracinement dynamique » (pour reprendre une expression chère à Michel Maffesoli).

Dans la postmodernité, le vécu prime la théorie ; l'expérience, le rationalisme ; le concret, l'abstraction ; la tribu, l'individu ; et les affects, le contrat. Cette entrée dans la post-modernité ainsi entendue est-elle possible ? On ne peut que l'espérer. Mais, en ce lieu, une remarque s'impose immanquablement : il est frappant de relever combien l'éthos de la postmodernité ainsi entendue noue des liens insécables avec celui de la franc-maçonnerie. L'herméneutique symbolique est en effet commandée par une raison sensible, la primordialité du « nous sur le je » fait signe vers le désir d'appartenance et de partage qui autorise la loge à transformer un tas d'individus hétérogènes en un tout à peu près cohérent et la progressivité post-moderne n'est rien d'autre que le sceau qui frappe le cheminement maçonnique. La franc-maçonnerie qui est, en outre, une des seules institutions à prôner la loi du frère contre la loi du père pourrait donc être un accélérateur de cette entrée en postmodernité.

Post-modernité ou ultramodernité... ?

Une précision s'impose cependant : là où Lyotard et Maffesoli parlent de post-modernité, Antony Giddens convoque, pour sa part, la catégorie d'ultramodernité. Selon lui, « loin d'aborder une ère post-moderne, nous entrons [...] dans une phase de radicalisation et d'universalisation de la modernité », phase qu'avec Jean-Paul Willaime il qualifie d'ultramoderne.[79]

L'ultramodernité s'offre en conséquence comme une modernité désenchantée, problématisée et autorelativisée, bref, comme une modernité critique d'elle-même. « L'ultramodernité c'est la modernité qui subit le contrecoup de la réflexivité systématique qu'elle a enclenchée : celle-ci n'épargne rien, pas même les enchantements qu'elle a pu produire dans sa phase conquérante. L'ultramodernité, c'est donc le déploiement, dans différents domaines, de l'incertitude engendrée par le potentiel permanent de critique que représente la modernité elle-même[80] ». L'ultramodernité, c'est aussi la modernité sans l'espérance qui l'a fait naître.

---

[79] *La sociologie des religions*, Que sais-je ?, Paris, 2004, p. 106.

[80] Jean-Paul Willaime « La sécularisation contemporaine du croire », *in Les nouvelles manières de croire*, sous la dir. de Leila Babès, Paris, éd. de l'Atelier, 1996, pp. 48-49.

Point important : l'ultramodernité ne méprise plus, au nom d'une raison close et absolutisante, l'imaginaire, l'intuition, l'émotion ou le « besoin » de sacré de l'homme.

En ce lieu, une remarque s'impose cependant : Jean Greisch a montré, il y a près de vingt ans, que tous ces changements de préfixe ne signifiaient au fond qu'une évolution nouvelle dans l'histoire de la modernité ; bref que la post modernité, comme l'ultramodernité, n'était au fond qu'un mode déploiement nouveau de la modernité ; c'est ainsi et seulement ainsi que je me rapporte *in fine* à la catégorie. Une chose est certaine : face aux mirages et aux impasses de l'accomplissement de soi par la consommation et à l'éclatement de l'être humain, liés à l'emprise de la société mondialisée, les personnes cherchent à organiser leurs expériences personnelles en un récit portant des significations au-delà d'elles-mêmes. Certaines sont même prêtes à rémunérer d'un prix élevé (en argent, en engagement personnel, en obéissance à un maître ou à des normes) la possibilité de trouver de telles significations, d'où le développement de groupes sectaires, fondamentalistes ou intégristes. La franc-maçonnerie en militant ouvertement pour l'âge herméneutique de la raison, en initiant ses apprentis à l'art d'interpréter, soit à l'art majeur consistant à tenir ensemble affectivité et rationalité, gagnerait probablement en être négentropique, tout en constituant une digue contre tous les dogmatismes et une institution en capacité de participer de l'amélioration de « l'être ensemble ». En effet, si la méthode maçonnique entend tenir ensemble rationalité et sensibilité, elle vise également à dynamiser les dimensions méditantes et militantes de *chaque un*.

Militant autant que méditant

L'enseignement reçu en loge bleue me permet de l'écrire clairement : la verticalité du fil à plomb et l'horizontalité du niveau invitent le frère à penser sa vie et à vivre sa pensée. Dit en langage maçonnique, il doit « répandre au-dehors » les vérités acquises au-dedans, bref, il est invité à amener sa pierre à l'édifice qui n'est plus la cathédrale d'antan, mais la cité. « Commence par toi, mais ne te prends pas pour but » ; la maxime du philosophe Martin Buber pourrait très bien en réalité résumer et synthétiser le cheminement maçonnique tel que je m'y rapporte ; le franc-maçon que je suis s'efforce en conséquence de faire en sorte que le militant en moi n'anesthésie pas le méditant et réciproquement.

Le grade de Maître Secret le rappelle à sa manière ; travaillant avec ce que Pascal appelait « la pensée de derrière » (soit dans une discrétion qui n'a d'égale que son engagement), le Maître Secret s'efforce en effet de comprendre que son travail sur l'intime n'est pas intimiste, bref que le travail sur soi est situé aux antipodes de l'introspection narcissique et égologique ; il comprend que « ces devoirs ne sont pas seulement abstraits, mais qu'ils visent au contraire à construire une société plus responsable et plus solidaire ». Comment et pourquoi ? Notre temps est en réalité passé maître dans l'invention de catégories permettant d'immoler « à l'être abstrait les êtres réels », selon la juste formule de Benjamin Constant.

Au crime banal s'est ajouté le crime que Camus appelait « logique ». En réalité, laissée à elle-même, déracinée du concret, la raison se mue facilement en déraison. Ainsi des idéologies ont autorisé, au XXe siècle, des humains à torturer et à exterminer massivement, par millions, d'autres humains, en gardant « le regard clair ». Mon propos ne vise naturellement pas à assimiler notre système économique au nazisme, je veux simplement montrer qu'il y a une trajectoire de la modernité qui n'utilise que la forme la plus extrême de la raison que nous nommons rationalisme. Ce rationalisme constitue l'impensé de l'être ensemble capitaliste, qui explique la disqualification symbolique et financière des métiers de livreurs, caissières, soignants, puéricultrices, auxquels il convient de rajouter l'enseignement et la recherche, ces curseurs civilisationnels, assez peu en odeur de sainteté en régime de capitalisme financier.

Je précise : prisonnier d'une croyance obtuse dans le progrès (qui n'est aucunement associé à une réflexion éthique ou morale), vouant un culte aveugle à la technique, en capacité selon lui de satisfaire ses préoccupations économiques outrancières, le capitalisme l'est assurément. Alors qu'il est en train d'afficher actuellement la faillite absolue de son idéologie du pragmatisme, de l'efficience – qui en réalité n'est qu'une idéologie sans valeur et partant sans vision –, nombre de questions se posent. Délesté d'un principe transcendant de guidance, englué dans l'immédiateté matérielle, il offre aujourd'hui le spectacle pathétique et tragique de son inhumanité. Marchant sur la tête, condamné à naviguer à vue, cette reine de village à bout de souffle, qui possède l'élégance d'un rabatteur de Pigalle (que fait-il par exemple à l'endroit des 100 milliards d'optimisations fiscales qui actuellement en France ne sont pas dans les caisses de l'État ?) aura-t-elle la force et la puissance de se questionner et de se doter d'un visage plus humain ? J'en doute…

D'une manière plus globale, le risque d'une confrontation entre une volonté citoyenne de changement radical et un pouvoir incapable de répondre aux aspirations émergentes et toujours prompt à nier l'importance du changement climatique, à faire croître les multinationales, bref, à rester englué dans une modernité mortifère, n'est pas à écarter… là encore la franc-maçonnerie devra veiller ; ce sera sa manière d'enrichir sa tradition et d'améliorer les conditions morales et intellectuelles de la société.

Tradition et innovation

La tradition désigne « l'emplacement des trésors, elle est le testament qui nous lègue le sens en héritage[81] » sans lequel nous ne savons où nous allons, ni où nous devons aller, ni même s'il faut aller où que ce soit. En conséquence, une époque où une société qui aurait rompu le fil de la tradition serait, parce que le passé n'éclaire ni le présent ni l'avenir, condamnée à « marcher dans les ténèbres ». Gardienne du sens, énonçant les valeurs à sauvegarder, la tradition s'offre donc d'abord incontestablement comme un pouvoir de continuité. Ce pouvoir de continuité suppose-t-il que la tradition doive exclure toute innovation ? Bien sûr que non !

Tradition et innovation doivent rimer : le respect de la tradition n'est ni la vénération du passé en tant que passé, ni le rejet du présent, ni la peur du futur. Une telle approche de la tradition serait un traditionalisme, soit une perversion radicale de l'attachement à la tradition. Je me justifie.

Il existe deux types d'hommes qui transmettent (et tradition vient de *trans-do* ; *trans-mettre*). Le premier transmet sans enrichir ; s'il joue un rôle important de mémoire du sens, il n'est qu'un instrument auquel on a recours. Le frère quant à lui transmet bien le sens acquis (déjà-là), mais il doit s'efforcer de poser un tel geste en ayant préalablement apporté son innovation personnelle à ladite transmission (*hidouch* en hébreu) qui correspond à ce que les savants appellent la nouveauté herméneutique et qui est à l'œuvre dans l'interprétation de symboles, par exemple ; le frère se doit donc d'apporter de la nouveauté

[81] Hannah Arendt, *La crise de la culture*, trad. Lévy, éd. Gallimard, 1972, p.14.

interprétative. Comment ? En expliquant et en comprenant, c'est-à-dire en interprétant.

Interpréter des textes ou des symboles c'est en effet penser l'objectivité d'un symbole (forme, couleur à telle ou telle époque) ou d'un texte (sens des mots à telle ou telle époque, nature des formules rhétoriques), mais c'est aussi et surtout formuler l'effet personnel que ce texte ou ce symbole fait sur soi. Ce faisant, il se met à l'abri de deux excès contraires : le subjectivisme dégoulinant d'impressionnisme et le rationalisme sec et froid (j'y reviens tout de suite).

Mais il y a davantage. En dotant la tradition maçonnique de son *hiddouch* le frère l'enrichit et donne à comprendre que le sens plénier de la tradition est toujours *à-venir*, bref, que les origines sont devant nous et ne correspondent en aucun cas à une boîte de conserve laissée en dépôt à quelques gardiens du temple… Là une remarque s'impose immanquablement : de tradition humaniste, la franc-maçonnerie l'est assurément ; dès lors une question se pose : quel visage pourrait prendre l'humanisme au 21e siècle ?

L'humanisme aujourd'hui

Comme le rappelle Irina Bokova, directrice générale de l'UNESCO (dans un discours du 7 septembre 2010 à Milan portant sur le nouvel humanisme), « par la communication, l'apprentissage des langues et le dialogue, par la coopération scientifique, nous pouvons [presque] sortir de nous-mêmes, élargir nos connaissances, découvrir d'autres mœurs, entrer dans la cité idéale des esprits, à la découverte du lien humain qui nous réunit ». Et notre auteur de poursuivre :

> La paix et la prospérité ne peuvent être garanties par le seul jeu des arrangements économiques et politiques. Il ne peut y avoir de paix durable et de prospérité mondiale sans une coopération intellectuelle et morale de l'humanité. Ce que les humanistes de tous les âges et de tous les pays ont pressenti à l'échelle d'une cité ou d'une nation, nous devons aujourd'hui le réussir à l'échelle de la planète. Il nous faut construire pour de bon cette communauté humaine universelle, en nous appuyant sur les valeurs fondamentales de l'humanité, et en premier lieu sur les ressources de l'esprit.

Le sens du propos est clair : prendre en charge des problématiques environnementales (changement climatique, sécheresse, montée des eaux), éducationnelles (permettre à chaque enfant d'avoir accès à une éducation de qualité), utiliser la culture, dans toute la diversité de ses expressions, comme outil de rapprochement et de construction d'un imaginaire commun, s'efforcer de réaliser l'égalité des genres et donner aux femmes et aux hommes l'égal accès au savoir, au pouvoir, réfléchir éthiquement sur les avancées technologiques et sur les crises migratoires, voilà quelques tâches assignées au nouvel humanisme. À l'heure du post humanisme et du tristement célèbre transhumanisme[82] chaque franc-maçon à un rôle à jouer.

[82] Voir sur ce point *Le transhumanisme est un intégrisme*, Mathieu Terence, Paris, éd du Cerf, 2016 ; *Critique de la raison transhumaniste,* sous la dir. de Dominique Foldscheid, Anne Lécu et Brice de Malherbe, éd. du Cerf, Paris, 2018, ou encore *Philosophie et idéologies trans/posthumanistes,* Gilbert Hottois, Vrin, collection « Pour demain », 2017.

BIBLIOGRAPHIE PRINCIPALE

Ouvrages sur la franc-maçonnerie

BAUER, ALAIN et DACHEZ, ROGER, *Le livre de la franc-maçonnerie*, que sais-je, 2019

ETIENNE, BRUNO
Anthropo-illogiques I, La spiritualité maçonnique, Dervy, Paris, 2007.
Anthropo-illogiques II, Le retour du voyage en Orient : Les tribulations d'un occidental désorienté et d'un japonais westernizé, en collaboration avec Susuki Masaaki, Entrelacs, Paris, 2007.
Les constitutions d'Anderson, documents commentés, Éditions de l'Aube, La Tour d'Aigues, 2007.
Abd el Kader et la Franc-maçonnerie, suivi de *Soufisme et Franc-maçonnerie*, Dervy, Paris, 2008.
Anthropo-illogiques III : de la Trinité, sous presse.

MAINGUY IRÈNE,
Symbolique des Grades Philosophiques, éd. Dervy, 2015
La franc-maçonnerie clarifiée pour ses initiés, Tome 3, « Le Maître », éd. Dervy, 2013.
La franc-maçonnerie clarifiée pour ses initiés, Tome 2, « Le Compagnon », éd. Dervy, 2012.
La franc-maçonnerie clarifiée pour ses initiés, Tome 1, « L'Apprenti », éd. Dervy, 2011.
La franc-maçonnerie à travers ses symboles, éd. Dervy, 2008.
Les initiations et l'initiation maçonnique, éd. Jean-Cyrille Godefroy, Édition revue et augmentée, 2008.
Symbolique des outils et glorification du Métier, éd. Jean-Cyrille Godefroy, 2007.

De la symbolique des chapitres en franc-maçonnerie, REAA et RF, éd. Dervy, 2005.

Ouvrages généraux cités ou consultés

ALAIN, *Les arts et les dieux*, La Pléiade, Gallimard, Paris, 1958

ALBERONI, Francesco, *Je t'aime*, Plon, Paris, 1997

ARENDT, Hannah, *Condition de l'homme moderne*, Collection Agora, Calmann-Lévy, Paris, 1983

BARTHES, Roland,
Fragment du discours amoureux, Seuil, Paris, 1977
Le plaisir du texte, Seuil, Paris, 1982

BERDIAEFF, Nicolas, *Cinq méditations sur l'existence*, Aubier, Paris, 1936

BERGSON, Henri,
Durée et simultanéité, Paris, Alcan, 1923
L'énergie spirituelle, PUF, Paris, 1990
L'Évolution Créatrice, Quadrige, PUF, Paris, 2001, 16e édition
La pensée et le mouvant, Alcan, Paris, 1934

BISCHOFF, *Jean-Louis, Tribus musicales, spiritualités et fait religieux*, L'Harmattan, Paris, 2007

BOURSELLER, Christophe, et PENOT-LACASSAGNE, Olivier (sous la dir. de), *Contre-cultures !,* CNRS Éditions, Paris, 2013

BRAD, Véronique, *La vulnérabilité, clef de nos relations*, éd. Souffle d'or, Gap, 2003

BUBER, Martin,
Les chemins de l'homme, éd. du Rocher, Paris, 1989
Les récits hassidiques, Seuil, 1996

CAMPBELL, Joseph, *Le Héros aux mille et un visages*, Oxus, Paris, 2010

CARRAUD, Vincent, *Pascal et la philosophie*, Paris, PUF, 1992

CHALIER, Catherine,
L'inspiration du philosophe, éd. Albin Michel, Paris, 2013
La Patience, Autrement, Paris, 1992

DEBRAY, Régis, *Allons aux faits – croyances historiques, réalités religieuses*, Albin Michel, Paris, 2016

DERRIDA, Jacques, *L'écriture et la différence*, Seuil, Paris, 1967

ECO, Umberto, *Lector in fabula*, Grasset, Paris, 1985

ÉPICTÈTE, *Entretiens*, I, 4 S, trad. Brehier, Gallimard, Paris, 1963

FINKIELKRAUT, Alain, *La sagesse de l'amour*, Folio Essais, Paris, 1988

FLEURY, Cynthia, *Les irremplaçables,* Gallimard, Paris, 2015

FOLSCHEID, Dominique, *Sexe mécanique,* La table ronde, Paris, 2002

FREUD, Sigmund, *Introduction à la psychanalyse*, Payot, Paris, 2001

GADAMER, Hans Georg, *Vérité et méthode*, Seuil, Paris, 1996

GIRARD, René, *La violence et le sacré*, Grasset, Paris, 1972

HEIDEGGER, Martin, *Acheminement vers la Parole,* Gallimard, collection Tel, Paris, 1976

JANKÉLÉVITCH, Vladimir, *L'irréversible et la nostalgie*, Champs Essais, Paris, 2011

ROUSSEAU, Jean-Jacques, *Les Rêveries du promeneur solitaire*, GF Flammarion, Paris, 2011

KANT, Emmanuel, *Anthropologie du point de vue pragmatique*, Vrin, Paris, 1994

LACROIX, Michel, *Le culte de l'émotion*, Flammarion, Paris, 2001

LEVINAS, Emmanuel,
Éthique et infini, Paris, Fayard, 1982
L'au-delà du verset, éd de Minuit, Paris, 1982
Quatre lectures talmudiques, Minuit, Paris, 1968
Totalité et Infini, éd. Le livre de poche, Biblio essai, Paris, 1990
Le Temps et l'autre, Fata Morgana, Paris, 1979

MAFFESOLI, Michel, *La parole du silence*, éd. du Cerf, Paris, 2016

MARCEL, Gabriel, *Essai de philosophie concrète*, Gallimard, Paris, 1967

MAURIAC, François,
« La dette envers Pascal » *in Pascal, textes du tricentenaire*, Fayard, Paris, 1963
Blaise Pascal et sa sœur Jacqueline, Hachette, Paris, 1931

MÈMETEAU, Richard, *Pop culture*, éd. De la découverte, Paris, 2014

MERLEAU PONTY, Maurice, *Phénoménologie de la perception*, Paris, Gallimard, 1976

MORIN, Edgar,
Les Stars, Seuil, Paris, 1972
L'esprit du temps, Armand Colin, Paris, 2008

MOUNIER, Emmanuel,
L'affrontement chrétien, O. C., TIII, Seuil, Paris, 1965
L'engagement de la foi, Seuil, Paris, 1968
Le personnalisme, PUF, Paris, 1961

OUAKNIN, Marc Alain,
Invitation au Talmud, Flammarion, Paris, 2001 *Bibi-lothérapie*, Seuil, Paris, 1994
Méditations Érotiques, Payot, Paris, 1998
Lire aux éclats, Seuil, Paris, 1994

PASCAL, Blaise, *Œuvres Complètes*, coll. « L'intégrale », Seuil, Paris, 1963

PÉPIN, Charles, *Quand la beauté nous sauve*, R. Laffont, Paris, 2013

POLONY, Natacha, *Ce pays qu'on abat*, Plon, Paris, 2014

PROUST, Marcel, *« Albertine disparue », A La recherche du temps perdu*, T.VI, Gallimard, Paris, 1990

RICARD, Matthieu, *Le moine et le philosophe*, Nil éditions, Paris, 1997

RICŒUR, Paul,
Du texte à l'action, Seuil, Paris, 1986
Temps et Récit, Seuil, Paris, 1984

ROMANO, Claude*, L'événement et le monde*, PUF, Paris, 1998

ROSZAK, Theodore, *The making of Counter Culture*, Stock, 1995

ROUET, Albert, *L'homme inachevé*, éd. de l'Atelier, Paris, 1998

TABLE DES MATIERES

Structures éditoriales du groupe L'Harmattan

L'Harmattan Italie
Via degli Artisti, 15
10124 Torino
harmattan.italia@gmail.com

L'Harmattan Hongrie
Kossuth l. u. 14-16.
1053 Budapest
harmattan@harmattan.hu

L'Harmattan Sénégal
10 VDN en face Mermoz
BP 45034 Dakar-Fann
senharmattan@gmail.com

L'Harmattan Cameroun
TSINGA/FECAFOOT
BP 11486 Yaoundé
inkoukam@gmail.com

L'Harmattan Burkina Faso
Achille Somé – tengnule@hotmail.fr

L'Harmattan Guinée
Almamya, rue KA 028 OKB Agency
BP 3470 Conakry
harmattanguinee@yahoo.fr

L'Harmattan RDC
185, avenue Nyangwe
Commune de Lingwala – Kinshasa
matangilamusadila@yahoo.fr

L'Harmattan Congo
67, boulevard Denis-Sassou-N'Guesso
BP 2874 Brazzaville
harmattan.congo@yahoo.fr

L'Harmattan Mali
ACI 2000 - Immeuble Mgr Jean Marie Cisse
Bureau 10
BP 145 Bamako-Mali
mali@harmattan.fr

L'Harmattan Togo
Djidjole – Lomé
Maison Amela
face EPP BATOME
ddamela@aol.com

L'Harmattan Côte d'Ivoire
Résidence Karl – Cité des Arts
Abidjan-Cocody
03 BP 1588 Abidjan
espace_harmattan.ci@hotmail.fr

Nos librairies en France

Librairie internationale
16, rue des Écoles
75005 Paris
librairie.internationale@harmattan.fr
01 40 46 79 11
www.librairieharmattan.com

Librairie des savoirs
21, rue des Écoles
75005 Paris
librairie.sh@harmattan.fr
01 46 34 13 71
www.librairieharmattansh.com

Librairie Le Lucernaire
53, rue Notre-Dame-des-Champs
75006 Paris
librairie@lucernaire.fr
01 42 22 67 13